LE

MARIAGE CIVIL

ET LE

MARIAGE RELIGIEUX

PAR

A. SINCHOLLE

DOCTEUR EN DROIT

Avocat à la Cour d'appel de Poitiers

Les nations souffrent ou prospèrent selon
qu'elles respectent ou violent la loi de
Dieu et les coutumes qui en dérivent.

(M. LE PLAY, *la Constitution
de l'Angleterre.*)

POITIERS

Librairie générale de l'Ouest

J. RESSAYRE.

PARIS

MARESQ aîné

RUE SOUFFLOT.

1877

IMPRIMERIE-LIBRAIRIE GÉNÉRALE DE L'OUEST : J. RESSAYRE.

LE MARIAGE CIVIL

ET

LE MARIAGE RELIGIEUX

8° R
503

LE

MARIAGE CIVIL

ET LE

MARIAGE RELIGIEUX

PAR

A. SINCHOLLE

DOCTEUR EN DROIT

Avocat à la Cour d'appel de Poitiers

POITIERS

IMPRIMERIE GÉNÉRALE DE L'OUEST : J. RESSAYRE

26, PLACE D'ARMES, 26

1876

AVANT-PROPOS

> Les nations souffrent ou prospèrent
> selon qu'elles respectent ou violent
> la loi de Dieu et les coutumes qui
> en dérivent.
>
> M. LE PLAY, *la Constitution
> anglaise.*

Depuis bientôt un siècle, nos législateurs de
rencontre se sont livrés à d'étranges expériences
sur l'institution du mariage, l'organisation de la
famille et les fondements de l'ordre social. Ces
audacieux novateurs, après avoir usurpé le pouvoir
par toute sorte de moyens, se sont arrogé un droit
de révision sur ce Code immortel dont Dieu a
gravé, dès l'origine, les règles immuables dans les
profondeurs de la conscience humaine, pour le
gouvernement des sociétés aussi bien que des

individus. Ces règles imprescriptibles sont, pour ainsi dire, le tempérament et la constitution que Dieu a donnés à l'humanité : obscurcies pour un temps seulement par les vices de l'ancien paganisme, elles ont reçu de Jésus-Christ leur achèvement sublime, et de l'Église catholique leur divin enseignement à travers les siècles.

L'origine de ces funestes innovations n'est que trop connue ; elles nous viennent de la Réforme protestante. Le protestantisme est né d'une révolte contre l'Église ; il lui a voué une haine implacable et s'est donné la mission de la détruire, afin de prendre sa place dans le monde. Pour atteindre ce double but, il s'est efforcé de dépouiller l'Église de ses attributions et d'en investir le pouvoir civil dans les divers États. La guerre contre l'Église a produit, chez nous, la philosophie du dix-huitième siècle, la révolution et le radicalisme moderne. La lutte s'était agrandie ; on n'attaquait plus seulement l'Église : on attaquait le christianisme lui-même, tout ce qu'il avait fondé, tout ce qui émanait de lui. Ceux qui livraient cet assaut, protestants ou catholiques, ne reconnaissaient d'autre religion que celle que l'homme peut se donner à lui-même par les seules lumières de sa raison individuelle. C'est ainsi que la philosophie du dix-huitième siècle en est arrivée à l'athéisme, au matérialisme et à ce système de négation agressive qu'on appelle improprement *libre pensée*.

Le mariage civil est une des nombreuses machines de guerre que l'école révolutionnaire a inventées pour battre en brèche l'Église et le catholicisme. On a érigé en maxime que « le droit civil est indépendant des idées religieuses »; et c'est en partant de cette maxime, dont la fausseté sera démontrée plus loin, que l'on a rendu le mariage civil obligatoire. Après avoir proclamé le principe de la liberté des cultes, on l'a audacieusement confisqué dans l'application. La loi du mariage civil est un monstrueux attentat à la liberté des consciences, et cet attentat, qui n'est pas le seul inconvénient du mariage civil, a été commis par un parti politique arrivé au pouvoir en invoquant la liberté.

Les hommes qui livrent ces assauts à l'Église ont entrepris de bouleverser notre société française et de tout refaire à rebours de ce qui a existé jusqu'ici, comme si le bon sens des peuples et les plus immuables institutions de l'humanité avaient tout à coup fait leurs temps. Ces audacieux réformateurs, égarés par les doctrines du naturalisme, devenues le panthéisme et le matérialisme modernes, ont formé une immense conspiration contre Dieu : ils ont entrepris de le supprimer ! Nos législateurs révolutionnaires, acceptant ce programme de haine et de bouleversement social, ont mis l'Église catholique hors les lois de leur athéisme.

Le mariage civil est une de ces lois déplorables; c'est la persécution de l'Église et du clergé par les lois. La sécularisation du mariage est une application de la maxime que les révolutionnaires ont inventée et formulée en ces termes : *la séparation de l'Église et de l'État,* c'est-à-dire, en réalité, la mainmise de l'État sur l'Église. En effet, cette sécularisation a pour objet direct, ainsi que nous l'établirons plus loin, de mettre l'État à la place de l'Église et d'abattre l'influence du clergé en substituant la commune à la paroisse et le maire au curé (1). La loi du mariage civil produit d'autres inconvénients non moins graves : elle viole la liberté des consciences, porte atteinte à la liberté et à l'indépendance du prêtre catholique, avilit les époux, trouble la famille, affaiblit l'autorité paternelle, fait du mariage un concubinage légal, et conduit finalement à des conséquences antisociales; car on ne peut pas porter atteinte à la religion catholique sans ébranler par cela même les fondements de l'édifice social; et si notre société fran-

---

(1) Le Gouvernement de 1830, que la Fayette appelait « la meilleure des Républiques, » a créé aux curés de campagne un antagoniste de plus, l'instituteur primaire, presque toujours secrétaire de la mairie et créature du maire.

çaise tient encore, malgré les lois et les doctrines qui en sapent les fondements, nous le devons à ce qui nous reste encore de catholicisme (1).

(1) Voici quelques échantillons de ces doctrines, puisés dans les professions de foi qui ont précédé les dernières élections :

« Le Christianisme doit disparaître du monde civilisé ; il a fait son temps !... Citoyens !... ne croyez pas aux êtres surnaturels ; toutes ces machines font rire de pitié et de mépris ! » — (Glatigny, dans *l'Ami du peuple*, journal socialiste de Liége, du 12 mars 1876.)

« Le mal occasionné par le clergé demeure impuni... *Sus aux prêtres catholiques* ! » — (*Journal de Bruxelles*, du 8 juin 1876.)

Les dernières recommandations de Michelet ont été la *déchristianisation des races latines*, l'*Église chassée de la famille, de l'école et de l'État;* et l'un des manifestants aux obsèques de Michelet a répété un mot du Congrès de Liége : *Guerre à Dieu !*

Qui ne connaît les doctrines de MM. Raspail, Spuller, Naquet, Lockroy, Barodet, Gambetta, Germain Casse, Brisson, Floquet, Clémenceau, tous membres de notre Chambre des députés ! — (*Voy.*, pour plus de détails, la récente brochure de Mgr Dupanloup, évêque d'Orléans et sénateur, intitulée : *Où allons-nous ?)*

En Prusse, il n'y a plus de religion, depuis quelques années. Le protestantisme, battu en brèche par les Universités allemandes et surtout par celle de Berlin, est dégénéré en philosophie du dix-huitième siècle, philosophie athée et persécutrice de l'Église catholique. Le Gouvernement prussien exerce cette persécution et, par une loi du 9 février 1875, il vient d'emprunter à la législation française l'arme du mariage

1*

Les hommes qui poursuivent ces transformations téméraires et impies sont des insensés qui bâtissent les ruines de leur patrie. Il y a plus de trois mille ans que le Psalmiste a dit : « Si Dieu n'est pas l'architecte de votre édifice social, vous ferez de vains efforts pour en construire un : *Nisi Dominus ædificaverit domum, in vanum laboraverunt qui ædificant eam.* » Cette affirmation est pleinement confirmée par un savant français, M. le Play, qui a parcouru tous les États de l'Europe pour étudier les conditions qui font prospérer ou décroître les nations ; il a écrit tout récemment : « Les nations souffrent ou prospèrent selon qu'elles respectent ou violent la loi de Dieu et les coutumes qui en dérivent (1). »

Le mariage civil *viole la loi de Dieu ;* car c'est Dieu lui-même qui a béni l'union du premier homme et de la première femme. Jésus-Christ, perfectionnant l'ancienne loi, a élevé le mariage, suivant la foi catholique, à la dignité d'un sacrement. De là vient que le mariage a été un acte religieux chez tous les peuples, anciens et modernes, païens ou chrétiens, jusqu'aux innovations du révolutionnarisme moderne. C'est dire que le ma-

civil et les pénalités édictées par les articles 199 et 200 de notre Code pénal.

(1) Dans son dernier ouvrage intitulé : *la Constitution anglaise.*

riage civil *viole* en même temps *les coutumes qui dérivent de la loi de Dieu;* car le mariage religieux a été pratiqué jusqu'ici chez tous les peuples : il est dans les traditions du genre humain et comme le patrimoine de l'humanité.

Le caractère athée, révolutionnaire et tyrannique du mariage civil a été à peine signalé jusqu'à présent; bien plus, de graves jurisconsultes affirment que le mariage civil est une conséquence du principe de la liberté des cultes, comme si la liberté des cultes n'était que celle de l'athéisme. Des autres inconvénients du mariage civil, on en trouve à peine quelques mots çà et là.

Nous avons donc pensé qu'il y a quelques choses à dire et surtout quelque chose à faire sur cette importante matière.

CHAPITRE PREMIER.

ORIGINE ET CARACTÈRE DU MARIAGE.

Le mariage est d'institution divine; c'est Dieu lui-même qui en est le fondateur, car c'est lui qui a uni le premier homme et la première femme.

La Genèse ne laisse aucun doute à cet égard. On y lit : *Dixit quoque Dominus Deus : Non est bonum esse hominem solum; faciamus ei adjutorium simile sibi... Immisit ergo Dominus Deus soporem in Adam. Cumque obdormivisset, tulit unam de costis ejus et replevit carnem pro ea. Et ædificavit Dominus Deus costam quam tulerat de Adam in mulierem; et adduxit eam ad Adam. Dixitque Adam : Hoc nunc os ex ossibus meis et caro de carne mea; hæc vocabitur virago, quoniam de viro sumpta est. Quamobrem relinquet homo patrem et matrem et adhærebit uxori suæ, et erunt duo in carne una.*

Plus loin, il est dit que le jour où Dieu créa l'homme à son image, il le créa homme et femme et qu'il les bénit : *In die qua creavit Deus hominem ad similitudinem Dei, fecit illum masculum et feminam* ET BENEDIXIT ILLIS (1).

_____

(1) Genèse, ch. II, vers. 18 et s., et ch. V, vers. 1 et 2.

Il semble que le souvenir de cette institution divine du mariage ait été perpétué par la tradition chez tous les peuples, chez ceux de l'ancien monde le plus reculé, comme chez ceux du nouveau monde. Les Égyptiens se mariaient en invoquant Isis ; les Mèdes, à la face du soleil, qu'ils adoraient ; les Perses, en allumant la torche de l'hymen au feu sacré dont ils faisaient leur dieu ; les Athéniens, par un sacrifice à Minerve. Les Gaulois et les Germains célébraient leurs mariages en échangeant leurs serments sur un autel élevé au milieu de leurs sombres forêts. L'Indien se promène dans le palanquin nuptial consacré par le bramine ; le Chinois se rend à la pagode, et le Japonais à l'autel du bonze. Enfin, chose plus étonnante encore ! la découverte de l'Amérique a révélé qu'au Mexique et au Pérou les époux échangeaient leurs serments aux pieds des sacrificateurs et des incas.

Partout, dans les sociétés primitives aussi bien que dans les civilisations les plus avancées, et même par delà les mers que nul navire n'avait jamais traversées, la religion préside aux mariages, comme si Dieu, du haut des cieux, avait crié à toute la terre : C'est moi qui suis le fondateur du mariage, moi qui forme l'union de l'homme et de la femme.

Là-dessus, Bossuet a résumé à grands traits l'Écriture et la tradition en ces termes :

« Jésus-Christ, s'élevant au-dessus de Moïse

» et des Patriarches, régla le mariage, c'est-
» à-dire la sainte union de l'homme et de la
» femme, selon la forme que Dieu lui avait
» donnée dans son origine. Car, alors, en bé-
» nissant l'amour conjugal comme la source
» du genre humain, il ne lui permit pas de
» s'épancher sur plusieurs objets, comme il
» arriva dans la suite, lorsqu'un même homme
» eut plusieurs femmes ; mais réduit à l'unité
» de part et d'autre, il en fit le lien sacré de
» deux cœurs unis ; et pour lui donner sa
» perfection et à la fois le rendre une digne
» image de la future union de Jésus-Christ
» avec son Église, il voulut que ce lien en fût
» éternel comme celui de l'Église avec Jésus-
» Christ. C'est sur cette idée primitive que
» Jésus-Christ réforma le mariage ; et, comme
» disent les Pères, il se montra le digne fils
» du Créateur en rappelant les choses au
» point où elles étaient à la création. C'est sur
» cet immuable fondement qu'il a établi la
» sainteté du mariage chrétien et le repos des
» familles. La pluralité des femmes, autrefois
» permise et tolérée, mais pour un temps et
» des raisons particulières, fut ôtée à jamais,
» et tout ensemble les divisions et les jalousies
» qu'elle introduisait dans les mariages les
» plus saints. Une femme qui donne son cœur
» tout entier et à jamais reçoit d'un époux
» fidèle un pareil présent et ne craint point
» d'être méprisée ni délaissée pour une au-

» tre. Toute la famille est unie par ce moyen ;
» les enfants sont élevés par des soins com-
» muns, et un père qui les voit tous naître
» d'une même source leur partage également
» son amour. C'est l'ordre de Jésus-Christ
» et la règle que les chrétiens n'ont jamais
» violée (1) ».

L'unité et l'indissolubilité sont donc les
deux grands caractères du mariage chrétien.
Ces caractères, le mariage les avait reçus
dans son institution première, afin d'être la
parfaite image de l'union de Jésus-Christ
avec son Église ; caractères imprescriptibles
que tous les débordements du paganisme
n'ont pu obscurcir que pour un temps, qui
ont reçu de Jésus-Christ leur achèvement
sublime, et dont l'enseignement toujours
vivant de l'Église demeure, à travers les
siècles, le divin commentaire. Jésus-Christ
leur a rendu leur premier éclat et même
quelque chose de plus, en faisant du mariage un sacrement de la loi nouvelle, qui
sera non-seulement le signe de son union
inaltérable avec son Église, mais encore le
canal de ses grâces et une source de sanctification pour les membres de son corps mys-
tique.

Jésus-Christ, interrogé par les Pharisiens
qui lui demandaient s'il est permis à l'homme,

(1) *Quatrième Avertissement aux protestants.*

dans certains cas, de renvoyer son épouse, leur cite ce passage de la Genèse, et il ajoute, de sa divine autorité : « Ce que Dieu a uni, que l'homme ne le sépare pas : *Quod Deus conjunxit, homo non separet* (1). »

Saint Paul, à son tour, rappelle aux Éphésiens les mêmes paroles ; il leur enseigne que la femme doit être soumise à son mari comme l'Église est soumise à Jésus-Christ, et que le mari doit aimer sa femme comme Jésus-Christ a aimé son Église, pour laquelle il a donné tout son sang ; puis il ajoute : « C'est pourquoi l'homme abandonnera son père et sa mère pour s'attacher à son épouse, et ils seront deux en une même chair : *Propter hoc relinquet homo patrem et matrem et adhœrebit uxori suœ, et erunt duo in carne una.* » Il conclut immédiatement en disant : « Ce sacrement est grand, je le dis en Jésus-Christ et en son Église : *Sacramentum hoc magnum est, dico autem in Christo et in Ecclesia* (2). »

Tous les Pères de l'Église ont vu dans ce langage du Philosophe des apôtres la principale preuve que le mariage est un sacrement.

Tertullien, qui vivait dans le second et le troisième siècle, atteste déjà que le mariage des chrétiens était célébré en face de l'Église

---

(1) Math., xix, 6.
(2) *Ad Ephesios,* v, 22.

par la bénédiction nuptiale que le prêtre donnait aux époux : *Unde sufficimus ad enar-
randam felicitatem ejus matrimonii quod Ecclesia conciliat, confirmat oblatio, obsignat
benedictio* (1).

Saint Isidore de Séville fait remarquer que
cette bénédiction nuptiale se pratique dans
l'Église, à l'imitation de celle que Dieu donna
dans le Paradis terrestre à nos premiers parents : *Quod in ipsa conjunctione connubii a
sacerdote benedicuntur, hoc est a Deo in ipsa
prima conjunctione hominis factum. Sic enim
scriptum est : Fecit Deus... et benedixit eis,
dicens : Crescite et multiplicamini. Hac ergo
similitudine fit nunc in Ecclesia quod tunc
factum est in Paradiso.*

Saint Ambroise, dans une lettre qu'il écrivait à Virgile, pour détourner les fidèles de
s'allier par mariage avec des infidèles, dit que
le mariage doit être sanctifié par le voile et
la bénédiction du prêtre : *Quum ipsum conjugium velamine sacerdotali et benedictione sanctificari oporteat, quomodo potest conjugium
dici ubi non est fidei concordia* (2) ?

Une lettre du pape Syrice, écrite en l'année 384 à Hymerius, évêque de Tarragone,
mentionne aussi la bénédiction du prêtre dans

_____

(1) Lib. II, *ad Uxorem*, cap. VIII.
(2) *Voy.* en outre Bingham : *Origines antiquæ Ec-
clesiæ.*

les mariages chrétiens, en ces termes: *Si probabiliter vixerit una tantum et ea quam virginem communi per sacerdotem benedictione perceperit, uxore contentus* (1).

Le quatrième concile de Carthage, tenu en l'an 389, mentionne par trois fois la bénédiction du prêtre dans les mariages : *Sponsus et sponsa, cum benedicendi sunt a sacerdote, a parentibus suis vel paranymphis offerantur, qui, cum benedictione acceperint, eadem nocte, pro reverentia ipsius benedictionis, in virginitate permaneant.*

Au commencement du cinquième siècle, le pape Innocent Ier, dans une lettre à Victrixe, évêque de Rouen, fait aussi mention de la bénédiction nuptiale : *Benedictio quæ per sacerdotem nubentibus imponitur.*

Enfin le concile d'Arles, tenu en 525, mentionne aussi la bénédiction nuptiale : *Tunc per concilium et benedictionem sacerdotis... eam sponsare et legitime dotare debet.*

Il est donc certain et démontré par les autorités qui précèdent, auxquelles on pourrait en ajouter beaucoup d'autres, que, depuis les premiers temps de l'Église jusqu'à nos jours, le mariage pour les chrétiens et les catholiques a consisté et consiste principalement dans la bénédiction nuptiale donnée par le prêtre en face de l'Église.

(1) Rapporté au tome II des *Conciles*, du P. Labbe.

On remarquera que cette bénédiction nuptiale est indiquée comme une nécessité du mariage chrétien. C'est saint Ambroise qui dit qu'il faut que le mariage soit sanctifié par la bénédiction du prêtre : *Cum ipsum conjugium sacerdotali benedictione sanctificari oporteat.* C'est le concile d'Arles qui dit, à son tour, que l'époux et l'épouse doivent être bénis par le prêtre : *Sponsus et sponsa benedicendi sunt a sacerdote.* L'importance de cette observation se révélera plus tard.

Sur tout cela, saint Thomas, le Théologien des théologiens, l'Ange de l'école, a dit que « le mariage, en tant qu'il est un devoir de la nature, est régi par la loi naturelle ; en tant qu'il est un besoin social, il est régi par la loi civile, et en tant qu'il est un sacrement, il est régi par la loi divine : *Matrimonium, in quantum est in officium naturæ, statuitur jure naturali ; in quantum est in officium communitatis, statuitur jure civili ; in quantum est sacramentum, statuitur jure divino* (1). » Et il ajoute aussitôt : « Voilà pourquoi, en vertu de chacune de ces lois, une personne peut être rendue inhabile au mariage : *Et ideo ex qualibet dictarum legum potest aliqua persona effici ad matrimonium illegitimum.* »

Saint Thomas a développé cette doctrine dans sa *Somme* contre les Gentils (2). Les

---

(1) *In quart. Sent.*, dist. XXXIV, quæst. 1, art. 1.
(2) Summa Thomæ, *contra Gentes*, lib. IV, cap. LXXVIII.

Conférences de Paris l'ont résumée en ces termes : « Saint Thomas, dans sa *Somme*
» contre les Gentils, remarque qu'il faut
» considérer le mariage sous trois regards
» différents par rapport aux trois fins diffé-
» rentes que l'homme s'y est proposé, qui sont
» la propagation perpétuelle du genre humain,
» celle de la société civile, et celle de l'Église ;
» que, par rapport à ces trois fins, il a be-
» soin de différents règlements qui y condui-
» sent. Sous le premier rapport, dit ce Saint,
» c'est un devoir de la nature, *officium naturæ*,
» qui a pour règle et pour fin la génération ;
» sous le second, il a pour fin le bien de la
» société civile et pour règle les lois civiles ;
» sous le troisième rapport, qui regarde le
» bien de l'Église, le mariage doit dépendre
» des canons et règlements de l'Église, dont
» les ministres sont les dispensateurs des sa-
» crements, du nombre desquels est le ma-
» riage des chrétiens (1). »

On voit tout de suite la possibilité d'un conflit entre ces trois différentes lois qui régissent le mariage, s'il n'y a pas subordination
et parfait accord entre elles. Aucun antagonisme n'est à craindre entre la loi naturelle
et la loi ecclésiastique, la première ayant

(1) *Conférences ecclésiastiques de Paris sur le mariage*, faites et imprimées par ordre du cardinal de
Noailles, archevêque de Paris, tom. Ier, *Conférence Ire*,
pp. 5 et 6.

1**

l'Église pour interprète infaillible et la seconde émanant directement de son autorité législative.

Mais il peut arriver que la loi civile, en réglant les formes et les conditions du mariage, se mette en contradiction soit avec la loi naturelle, soit surtout avec la loi ecclésiastique. C'est précisément ce qui est arrivé. Notre législation civile fait du mariage un contrat purement civil et ne tient aucun compte du troisième élément du mariage dont parle saint Thomas, le sacrement régi par la loi de Dieu.

Comment cette scission a-t-elle éclaté entre l'autorité civile et l'autorité ecclésiastique ? C'est ce que nous allons rechercher.

CHAPITRE II.

LE CONFLIT ENTRE LA LOI RELIGIEUSE ET LA LOI CIVILE. — ORIGINE DU MARIAGE CIVIL.

Les lois des peuples de l'antiquité avaient tout à la fois un caractère religieux et civil. On peut même affirmer que la loi civile était subordonnée à la loi religieuse et qu'il n'y avait aucun antagonisme entre elles. C'est ainsi que le mariage a été, depuis la plus haute antiquité jusqu'aux temps modernes, un acte religieux.

Comment le conflit a-t-il éclaté, au sujet du mariage, entre la loi de Dieu et celle des hommes ?

On a dit que la sécularisation du mariage avait sa source dans la réforme protestante et la philosophie du dix-huitième siècle. Cela est vrai, mais ce n'est là que la moitié de la vérité. Nos théologiens et nos légistes ont puissamment contribué à ce fâcheux résultat, sans se douter que leurs doctrines étaient conformes à celles du protestantisme.

Le mariage — nous venons de le voir — est de droit civil, et, comme tel, il est régi par la puissance séculière ou civile; il est aussi un sacrement, et, comme tel encore, il est gouverné par la puissance ecclésiastique.

Pendant plusieurs siècles, l'accord, en fait de mariage, a existé, en France comme ailleurs, entre ces deux puissances; mais l'antagonisme a fini par éclater entre l'Église et l'État.

Le droit romain a exercé une certaine influence en cette matière; il faut donc en présenter d'abord un historique rapide.

Dans les cinq premiers siècles de Rome, les mariages se firent par *confarréation* ou par *coemption*.

La confarréation était une forme de mariage éminemment solennelle et religieuse; elle était d'origine étrusque. Son nom lui est venu du mot *farreum*, gâteau de froment consacré par le prêtre et partagé par les époux pour indiquer désormais leur communauté d'existence, *consortium omnis vitæ*. La femme ainsi mariée tombait avec tous ses biens sous la puissance du mari, *in manu mariti : confarreata uxor*, dit Festus, *nuptiali jure imperio viri subjicitur* (1). On croit généralement que ce mariage n'était accessible qu'aux patriciens. Les enfants nés du mariage par confarréation

(1) *Voy.* aussi Gaïus, *Comment* I, § 110 et suiv.

étaient spécialement et exclusivement aptes aux fonctions de flamines de Jupiter, de Mars ou de Quirinus, ou de *reges sacrorum.* La confarréation tomba en désuétude dès la fin de la République. Tacite nous rapporte que, sous le règne de Tibère, en l'an 776, on eut beaucoup de peine à trouver dans Rome trois patriciens issus *ex confarreatis nuptiis*, parmi lesquels on pût choisir, suivant l'usage, un flamine de Jupiter (1).

La coemption était une forme de mariage à l'usage des plébéiens. Elle consistait dans la mancipation de la femme au mari, ce qui veut dire que les parents de la femme cédaient au mari la puissance qu'ils avaient sur elle. La femme mariée par la coemption tombait, elle aussi, avec tous ses biens, sous la puissance du mari, puissance qui s'appelait encore ici *manus.* Il ne paraît pas que la coemption eût un caractère religieux comme la confarréation ; elle tomba en désuétude, elle aussi, vers la fin de la République.

Voici quelles furent les causes de cette décadence :

La femme mariée par confarréation ou par coemption sortait de sa propre famille et entrait dans la puissance et la famille de son mari, où elle prenait la place d'une fille : *filiæ loco erat.* Si la femme mourait avant son

(1) *Annales*, IV, 16.

mari, celui-ci retenait tous les biens qu'elle lui avait apportés ; si le mari mourait le premier, la femme prenait dans sa succession la part d'une fille.

Ce régime matrimonial était très-favorable à la puissance maritale et à la puissance paternelle ; la femme subissait la loi commune à toutes les personnes placées sous la puissance d'autrui : c'est qu'elles ne peuvent avoir rien qui leur appartienne : *Qui in potestate nostra est, nihil suum habere potest*, dit Gaïus (1). Quant à la puissance paternelle, la femme prémourante n'avait pas d'héritiers , puisqu'elle ne laissait aucuns biens, et les enfants ne pouvaient pas tourmenter leur père, ni lui intenter un procès pour lui faire restituer les biens qu'il avait reçus de leur mère.

Le divorce, en entrant dans les habitudes des Romains, rendit le régime de la *manus* odieux (2). Il dissolvait le lien conjugal et faisait sortir la femme de la famille du mari, sans qu'elle eût le droit de rien reprendre de

---

(1) *Comment.* II, § 87. — Cette règle était l'énergique sanction du principe de puissance. Les anciens avaient très-bien compris que la fortune donne la liberté et l'indépendance.

(2) Le premier Romain qui divorça fut Carvilius Ruga. Son divorce eut lieu par ordre des censeurs. On en fixe la date à l'an 520 de Rome. Plutarque, dans sa *Vie de Romulus*, fixe le divorce de Carvilius à une époque bien antérieure.

ce qu'elle lui avait apporté. La femme ne rentrait pas pour cela dans la famille de ses parents ; elle y avait perdu les droits d'agnation, c'est-à-dire de parenté civile, qui la rendaient habile à succéder à ses parents : elle était ruinée.

On avait d'ailleurs d'autres griefs contre ce régime. Les pères avaient de la répugnance à perdre leur puissance sur leurs filles au profit du mari ; les femmes *sui juris*, c'est-à-dire, qui n'étaient pas en puissance paternelle, ne voulaient pas perdre leur indépendance en tombant, par le mariage, sous la puissance du mari (1).

Pour échapper aux conséquences fâcheuses du mariage par confarréation ou par coemption, les femmes, ou leurs parents pour elles, stipulèrent qu'en cas de divorce, elles reprendraient tous les biens qu'elles auraient apportés à leur mari. Ces stipulations, que l'on appelait *cautiones rei uxoriæ*, devinrent si fréquentes, qu'elles furent sous-entendues, alors même qu'elles n'avaient pas eu lieu.

Bientôt les femmes trouvèrent le moyen de se soustraire au régime de la *manus* en usant du droit que leur accordait la quarante-troisième loi des Douze-Tables de se marier par le simple consentement, *mero consensu*. Les femmes du mariage par simple consentement,

(1) Tacite, *Annales*, IV, 16.

que l'on a appelé *mariage libre*, restèrent dans la famille et la puissance de leurs parents, et n'entrèrent pas dans la famille ni la puissance de leur mari ; elles devinrent ces *matronæ* qui sont célèbres dans l'histoire romaine par leur luxe et la licence de leurs mœurs (1). C'est à elles que Caton, défendant la loi Oppia contre le tribun Valérius, reprochait de ne plus s'abstenir du *forum* ni des réunions d'hommes (2) ; d'elles aussi que parlait Dion Cassius quand il disait que les hommes étaient dégoûtés du mariage parce qu'ils ne trouvaient plus de femmes pudiques (3).

Le mariage libre entraîna rapidement la chute du régime de la *manus*, et Gaïus, un jurisconsulte romain qui écrivait dans la seconde moitié du deuxième siècle de l'ère chrétienne, nous apprend que, de son temps, la confarréation n'avait plus lieu que dans les mariages des prêtres *flamines* et *diales* (prêtres de Jupiter).

Vers la même époque, Tertullien, nous venons de le voir, parlait déjà du mariage chrétien qui était célébré par la bénédiction nuptiale que le prêtre de l'Église catholique donnait aux époux, non pas encore devant

---

(1) Aulu-Gelle nous apprend, dans ses *Noctes atticæ*, que les femmes *in manu* étaient appelées *matresfamilias*, et les femmes du mariage libre *matronæ*.
(2) *Voy.* son *Discours* dans Tite-Live, xxxiv, 1.
(3) Dion Cassius, liv. LIV.

l'Église, parce qu'elle était persécutée, mais devant les fidèles assemblés dans les catacombes.

Le mariage chrétien était-il valable, en droit romain, et produisait-il des effets civils? Oui, incontestablement, parce qu'il renfermait le consentement des époux et celui de leurs parents : on n'en exigeait pas davantage pour la validité du mariage civil, c'est-à-dire non chrétien.

L'Église avait engagé la lutte contre trois institutions du monde païen : le divorce, le concubinat et l'esclavage.

Le divorce était contraire à ce passage de l'Évangile qui défend à l'homme de séparer ceux que Dieu a unis : *Quod Deus conjunxit, homo non separet.* De là l'indissolubilité du mariage.

L'esclavage, nous disent les jurisconsultes romains, était une institution du droit des gens, contraire à la nature. Ces fières républiques d'Athènes, de Sparte et de Rome, que nous admirons dans nos études classiques, pratiquaient l'esclavage comme une institution du droit des gens, ce qui veut dire que l'esclavage était pratiqué aussi chez les autres nations. Là, les hommes libres trouvaient fort commode de se faire servir par des esclaves; ils dédaignaient le travail et le faisaient faire par leurs esclaves. Le Christianisme a honoré le travail et l'a fait libre, en vertu de la loi de Dieu qui a condamné l'homme à manger son pain à la sueur de son front. La vraie civilisation est chrétienne et date du christianisme.

Le concubinat était un mariage de la main gauche, une contrefaçon et une imitation du mariage. Les jurisconsultes romains nous disent que l'épouse ne se distinguait de la concubine que *solo dilectu et affectu;* ils étaient souvent fort embarrassés eux-mêmes pour faire cette distinction. Le mariage chrétien, par la bénédiction nuptiale que le prêtre donnait aux époux en face de l'église ou de l'assemblée des fidèles, ne permettait pas de confondre l'épouse avec la concubine, et, sous ce rapport, il avait un avantage marqué sur le mariage par simple consentement. La dot était une preuve du mariage; l'épouse seule avait une dot : la concubine n'en avait pas.

L'Église, pour abattre plus vite le concubinat et le divorce, exigea, comme condition du mariage, que la femme apportât une dot au mari. Elle fortifiait ainsi la preuve du mariage, et surtout elle rendait le divorce plus difficile, parce que le mari, en divorçant, était tenu de rembourser la dot à la femme. Saint Augustin écrivait : *Talis esse debet quæ uxor habenda est; secundum legem sit casta in virginitate et dotata legitime* (1). Saint Jérome

_____

(1) Sur la Genèse, liv. XI, ch. XLI.

allait plus loin ; il exigeait et un écrit et une dot : *Uxori tabulis et jure dotali opus est quibus concubinæ sunt destitutæ.*

Ces exigences portèrent le trouble dans les esprits.

On s'adressa aux empereurs Théodose et Valentinien. Ceux-ci répondirent conformément au droit civil, par un rescrit de l'an 428, devenu la loi 22, au Code, *de Nuptiis*, qu'il n'était besoin ni d'écrit ni de dot pour la validité du mariage, et qu'il suffisait du consentement des époux et de leurs parents.

L'empire d'Occident touchait alors à sa fin. Après sa chute, le concile d'Arles, que nous venons de citer, exigea également pour les mariages la bénédiction nuptiale et la constitution de dot. Les mêmes exigences se produisaient en Orient, et trois ans après le concile d'Arles, en 528, Justinien faisait pour l'empire d'Orient ce que Théodose et Valentinien avaient fait, cent ans auparavant, pour l'empire d'Occident. Il affirmait, dans une Constitution qui est devenue la loi 11, au Code, *de Repudiis*, les principes du mariage par simple consentement, sans écrit ni dot, en ces termes : *Jubemus ut quicumque mulierem cum voluntate parentum, aut si parentes non habuerit, sua voluntate maritali affectione in matrimonium acceperit, etiam si dotalia instrumenta non intercesserint, nec dos data fuerit, tanquam si cum instrumentis firmum conjugium eorum*

habeatur ; non enim dotibus, sed affectu matri-
monia contrahuntur.

Malgré ces efforts du droit civil romain en
faveur du mariage par simple consentement,
la doctrine de l'Église l'emporta. On lit dans
les *Capitulaires des rois de France : Nullum*
sine dote fiat conjugium nec sine publicis nup-
tiis quisquam nubere præsumat. — Sciendum
est quod hi qui uxores ducere voluerint ad eas
casti et incorrupti accedere debent, easque cum
benedictione sacerdotis, sicut in sacramentario
continetur, accipere. Sed prius eas dotali titulo
debent conligare (1). Les formules franques
et les chartes du Midi supposent également
la nécessité d'une dot préalable.

C'est la doctrine de saint Augustin, de
saint Jérome, de l'Église enfin, qui est passée
en loi.

Quand l'Église eut vaincu le concubinat et
le divorce, elle n'exigea plus la constitution
de dot, et Antoine Fabre, le célèbre président
du Sénat de Savoie à la fin du seizième siècle
et au commencement du dix-septième, pouvait écrire : *Potest esse matrimonium sine*
dote, licet non æque dos sine matrimonio (2).
Depuis longtemps, d'ailleurs, les curés dres-
saient et tenaient les actes des baptêmes,

(1) Liv. VI, ch. cxxxiii, et liv. VII, ch. ccclxxxix. —
C'est là l'origine de l'article 1394 de notre Code civil.
(2) Code, liv. II, tit. xxii, *Def.* I.

mariages et sépultures; c'est le clergé qui a inventé les actes de l'état civil.

Au milieu du seizième siècle, la Réforme protestante éclata. Le protestantisme fut une révolte contre l'Église catholique avec le dessein de l'abattre et de prendre sa place : il effraya d'abord les rois; mais il ne tarda pas à les rassurer en s'efforçant d'augmenter leur pouvoir aux dépens de celui de l'Église. La Réforme prit ainsi un caractère moitié religieux, moitié politique; mais en France, parmi beaucoup d'hommes appartenant aux classes élevées, le caractère religieux finit par dégénérer en philosophie et ensuite en révolution (1).

Luther, le grand révolutionnaire, chef et précurseur de tous les autres, nia notamment que le mariage fût un sacrement et que l'Église eût le droit d'établir des empêchements dirimants de mariage. Ces négations et bien d'autres étaient grosses de révolutions religieuses et politiques.

Un concile était nécessaire pour condamner toutes ces erreurs. C'est ce que fit le célèbre concile de Trente dans sa vingt-quatrième session, le 15 novembre 1563.

Le canon de cette session porte :

« Si quelqu'un dit que le mariage n'est pas

_____

(1) En Prusse, le protestantisme n'est plus qu'une philosophie athée. — *Voy.* plus loin, ch. VI, § 7.

» véritablement et à proprement parler un
» des sept Sacrements de la loi évangélique,
» institué par Notre-Seigneur Jésus-Christ,
» mais que c'est une invention humaine et
» qu'il ne confère pas la grâce, qu'il soit ana-
» thème ! »

Les canons 3, 4 et 12 de la même session affirment le droit de l'Église d'établir des empêchements dirimants, d'accorder des dispenses et de connaître des causes matrimoniales.

La France et l'Europe catholique tout entière acceptèrent sans contestation les décisions du concile de Trente, relatives au mariage, notamment celles que nous venons de mentionner. Le droit de l'Église de statuer sur toutes les questions de validité du mariage ne fut contesté que par les protestants. Nos rois s'empressèrent même de convertir en loi de l'État ce que le Concile avait décidé au sujet du mariage. C'est ce que fit l'Ordonnance de Blois, du mois de mai 1579, dont l'article 40 est ainsi conçu : « Pour obvier aux abus et
» inconvénients qui adviennent des mariages
» clandestins, avons ordonné et ordonnons
» que nos sujets, de quelque état, qualité et
» condition qu'ils soient, ne pourront valable-
» ment contracter mariage sans proclamations
» précédentes de bans, faites par trois divers
» jours de fêtes, avec intervalle compétent,
» dont on ne pourra obtenir dispense, sinon

« après la première proclamation faite : et ce
» seulement pour quelque urgente ou légitime
» cause, et à la réquisition des principaux et
» plus proches parents communs des parties
» contractantes, après lesquels bans seront
» épousées publiquement ; et pour pouvoir
» témoigner de la forme qui aura été observée
» esdits mariages, y assisteront quatre per-
» sonnes dignes de foi, pour le moins, dont
» sera fait registre ; le tout sur les peines
» portées par les conciles : enjoignons aux
» curés, vicaires ou autres de s'enquérir soi-
» gneusement de la qualité de ceux qui vou-
» dront se marier, et s'ils sont enfants de fa-
» mille, ou étant en la puissance d'autrui,
» nous leurs défendons étroitement de passer
» outre à la célébration desdits mariages, s'il
» ne leur apparaît du consentement des pères,
» mères, tuteurs ou curateurs, sur peine
» d'être punis comme fauteurs du crime de
» rapt. »

Il résulte de là, qu'en France, le droit romain, dont nous venons d'exposer les règles,
n'était pas applicable en matière de mariage.
C'est, au surplus, ce qui est reconnu par
M. Dalloz, en ces termes :

« En France, avant la Révolution, les lois
» romaines sur le mariage ne formaient le
» droit positif d'aucune de nos provinces.
» Nous avions cependant adopté quelques-
» unes de leurs règles qui, réunies aux pré-

» ceptes des lois canoniques, aux dispositions
» des ordonnances royales et aux arrêts de
» règlement, formaient un Code propre au
» royaume (1). »

Qui ne croirait qu'après le concile de Trente
et l'Ordonnance de Blois, aucun conflit n'était
possible entre l'Église et l'État, au sujet des
mariages ; et, cependant, on ne devait pas tar-
der, en France, dans les hautes régions du
pouvoir, à violer tant le concile de Trente que
l'Ordonnance de Blois elle-même?

La France, suivant un ancien usage, avait
envoyé des ambassadeurs au concile de Trente;
ils avaient mission de demander aux Pères du
Concile de déclarer nuls les mariages contractés par les fils de famille sans le consentement de leurs parents. On voulait par là éviter les mésalliances. Cette demande fut formée
par nos ambassadeurs ; mais le Concile, après
l'avoir examinée et discutée, la rejeta. L'auguste assemblée craignit, même entre les
mains des pères de famille, l'abus d'un pouvoir si absolu; et comme ce pouvoir leur était
accordé par Luther, qui le refusait à l'Église,
le Concile dit anathème à quiconque embras-
serait un sentiment d'origine si suspecte.

Nos hommes d'État dissimulèrent le dépit
que leur causait cet échec et conçurent le
dessein d'obtenir, par la législation civile, ce

_____

(1) *Répertoire de législation*, v° *Mariage*, n° 34.

que le concile de Trente leur avait refusé.
Pour en venir là, Louis XIII rendit, en janvier
1629, un édit portant : « Voulons que tous mariages contractés contre la teneur de ladite
ordonnance (de Blois) soient déclarés *non valablement contractés*. » L'Ordonnance de Blois
défendait aux fils de famille, mineurs de
25 ans, de contracter mariage sans le consentement de leurs parents ; mais, pas plus que
le concile de Trente, elle ne prononçait la nullité des mariages contractés au mépris de sa
prohibition. Il est même permis d'affirmer
qu'implicitement elle les reconnaissait valables ; car une de ses dispositions privait de
tous leurs droits héréditaires les fils de famille
qui contractaient mariage sans le consentement de leurs parents. En effet, il est de principe qu'une loi ne doit pas prononcer deux
pénalités à la fois ; ce qui revient à dire que
l'Ordonnance de Blois, en prononçant la peine
de l'exhérédation contre les fils de famille qui
se mariaient sans le consentement de leurs
parents, n'entendait pas que les mariages
ainsi contractés fussent nuls ; si elle avait
prononcé la nullité de tels mariages, cette
peine aurait suffi, et celle de l'exhérédation
devenait inutile. L'édit de 1629 n'abrogeait
pas la peine de l'exhérédation prononcée par
l'Ordonnance de Blois, et cependant il déclarait ces mariages, non pas nuls, mais *non
valablement contractés*, expression équivalant

2

à la prononciation de la nullité. L'épiscopat français ne fut pas dupe de cette périphrase que les inspirateurs de l'édit avaient dû trouver très-habile. L'assemblée du clergé députa au Roi les évêques de Séez, de Rennes, d'Auxerre, de Chartres et de Beauvais pour supplier Sa Majesté de vouloir bien expliquer les termes: *non valablement contractés*. Les commissaires du Roi répondirent que ces expressions n'avaient rapport qu'au *contrat civil*.

Le voilà donc prononcé ce fameux mot qui passera avec la chose dans notre législation révolutionnaire ; car entre le mariage considéré comme contrat civil et le mariage civil nous ne voyons pas de différence. Et ce mot, gros d'une révolution, qui l'a prononcé ? Des gentilshommes français, courtisans et commissaires du roi de France, Louis XIII. Et que signifie-t-il ce mot ? Il ne faut pas l'apprécier suivant nos idées modernes, telles que les a faites notre Code civil de 1803. Nous sommes en 1629, sous l'empire de l'Ordonnance de Blois : les mariages des catholiques sont célébrés conformément à ladite Ordonnance par le curé des parties, et ceux des protestants, depuis l'édit de Nantes, par les ministres de leur culte. Le mariage est donc un acte religieux, célébré en la forme religieuse. Que voulaient donc dire les commissaires de Louis XIII, quand ils répondaient aux délégués de l'épiscopat français que les mots de l'édit de 1629 : *non valablement con-tractés*, ne s'appliquaient qu'au *contrat civil*? Comment peut-il y avoir un contrat civil, par exemple, dans le mariage catholique qui est un sacrement administré par la bénédiction du prêtre? Que le mariage religieux produise des effets civils, on le comprend à merveille; et c'est bien ainsi que l'entendait l'Ordonnance de Blois, quand elle régla les conditions du mariage conformément au concile de Trente. Mais de ce que le mariage religieux produit des effets civils, s'ensuit-il qu'il renferme un contrat civil? Nullement. Les gallicans de 1629 inventaient ce contrat civil, afin de fournir à la royauté un prétexte d'intervenir dans les mariages et d'y établir des conditions autres que celles du concile de Trente. Avec cette logique, l'État aurait pu également s'emparer du sacrement de l'ordre en disant qu'il renferme un contrat civil, parce qu'il produit l'effet civil de rendre le prêtre incapable de se marier. Le contrat civil est celui qui se forme devant un officier civil pour des affaires temporelles. Nous aurons occasion de revenir tout à l'heure sur ce sujet.

L'édit de 1629 ne tarda pas à être implicitement retiré. S'il eût persisté, il aurait créé une espèce de schisme en France. En effet, le mariage, d'après la doctrine catholique, étant un sacrement, un acte éminemment religieux, il est rationnel que les causes matri-

moniales appartiennent aux tribunaux ecclésiastiques; et nous venons de voir qu'en effet,
le concile de Trente les avait attribuées aux
juges d'Église. Voilà donc le juge d'Église
obligé, de par le Roi et son édit, d'annuler des
mariages que le concile de Trente ne déclarait
pas nuls et qu'il avait même refusé de déclarer
tels : en d'autres termes, l'Église de France
devait cesser d'être romaine pour devenir
française et royale. Bien plus, elle devait se
faire luthérienne et protestante; car le protestantisme, né de la révolte de Luther contre
l'autorité de l'Église, en niait toutes les doctrines; et nous venons de voir que l'une des
considérations qui avaient déterminé les Pères
du concile de Trente à ne pas prononcer la
nullité des mariages contractés par les fils de
famille sans le consentement de leurs parents,
c'était que Luther avait déclaré ces mariages
nuls.

Le gouvernement français avait suscité
toutes ces difficultés dans le but mesquin
d'éviter des mésalliances. Après avoir doublement échoué au concile de Trente et par le
malheureux édit de 1629, il n'abandonna point
sa prétention systématique.

Il paraît qu'en France, suivant un ancien
usage du royaume, les princes du sang ne
pouvaient pas se marier sans le consentement du Roi. Gaston, duc d'Orléans, frère de
Louis XIII, s'étant remarié à la princesse

Marguerite de Lorraine, le Roi voulut faire annuler ce mariage, sous prétexte qu'il avait eu lieu sans son consentement. Mais ici encore on se trouvait en présence du concile de Trente qui ne prononçait pas la nullité de tels mariages et qui même avait refusé de la prononcer. D'ailleurs la cause était de la juridiction ecclésiastique et les protestations de l'épiscopat français contre l'édit de 1629 disaient d'avance que le juge d'Église ne prononcerait pas la nullité du mariage. On le comprit dans les hautes régions du pouvoir et l'on prit le parti d'employer un moyen détourné, nonseulement pour arriver à faire annuler le mariage du duc d'Orléans, mais encore pour rétablir indirectement l'édit de 1629 : on inventa le *rapt de séduction.*

Le rapt constituait un empêchement dirimant de mariage entre le ravisseur et la fille ou la veuve ravie (loi unique au Code Justinien, *de Raptu virginum*). Les capitulaires de Charlemagne sont conformes à la loi de Justinien (1). Il faut en dire autant du concile de Pavie, tenu en 850. L'empêchement résultant du rapt était perpétuel. Une décrétale du pape Innocent III apporta un tempérament à cette perpétuité en décidant que la personne ravie pourrait épouser le ravisseur, si elle y consentait librement. Enfin le concile

(1) Liv. VI, tit. 60, et liv. VII, tit. 395.

de Trente prit sur tout cela un terme moyen : il ne permit le mariage entre le ravisseur et sa victime que lorsque celle-ci y aurait consenti, après avoir cessé d'être en sa puissance.

Il importe de remarquer que le mot *rapt* indiquait un enlèvement, une séquestration qui mettait une personne au pouvoir d'une autre. Pour atteindre le mariage du duc d'Orléans avec Marguerite de Lorraine, les courtisans de Louis XIII et l'obséquiosité de son Parlement de Paris donnèrent au rapt une extension prodigieuse. Suivant eux, le rapt ne consista pas seulement dans l'enlèvement et la séquestration d'une personne par une autre : il consista aussi dans l'influence, l'impression, la fascination qu'une personne pouvait exercer sur une autre. Ainsi, la jeune fille la plus modeste et la plus timide pouvait commettre, malgré elle, par ses beaux yeux, le crime de rapt envers un homme. Les inventeurs de cette nouvelle espèce de rapt l'appelèrent *rapt de séduction*. C'était peut-être un rapt de cette espèce que Marguerite de Lorraine avait commis contre le prince d'Orléans qui n'en était plus aux impressionnabilités de l'adolescence, puisqu'il était déjà veuf d'une première union dont il avait eu la célèbre Mlle de Montpensier. Le mariage de Gaston d'Orléans avec Marguerite de Lorraine fut annulé par arrêt du Parlement de Paris du 5 septembre 1634.

L'histoire nous a transmis de précieux détails sur le procès qui fut fait au duc d'Orléans
et l'arrêt du Parlement de Paris qui annula
son mariage. Le duc contestait la compétence
du Parlement et prétendait que, s'agissant de
la validité d'un sacrement de l'Église, l'affaire
devait être portée devant le juge ecclésiastique. On lui répondait qu'il ne pouvait y avoir
de sacrement dans le mariage sans un contrat légitime et conforme aux lois du royaume
(contrat civil); que ce contrat en était la matière essentielle, sans laquelle le sacrement
ne pouvait exister; que la connaissance de ce
qui regardait la validité du contrat appartenait incontestablement aux juges royaux, et
que s'ils décidaient que le contrat était nul,
on devait nécessairement supposer qu'il ne
pouvait y avoir de sacrement; que si l'on venait à douter qu'une personne eût été baptisée
avec de l'eau naturelle, l'on serait obligé de
s'en rapporter à la décision des médecins et
des naturalistes, et que s'ils jugeaient que le
liquide employé n'était pas de l'eau véritable,
il faudrait nécessairement en conclure qu'il
n'y avait pas eu de sacrement de baptême (1).
Les arguments d'analogie sont presque toujours faux, parce qu'il est rare que l'analogie
soit parfaite. Il aurait fallu d'abord prouver

---

(1) Voir la continuation de l'*Histoire de France* du
P. Daniel, par le P. Griffet, t. XIII, p. 483.

que ce contrat civil existait dans le sacrement de mariage et que même il en formait la matière et la substance. Or, à propos de la réponse des commissaires du Roi aux délégués de l'épiscopat français, nous venons d'établir que ce contrat civil n'existait pas. En comparant cette réponse à l'arrêt du Parlement de Paris, on voit que le gouvernement n'avait retiré qu'en apparence l'édit de 1629 pour donner de l'eau bénite de cour au clergé français et qu'il le rétablit par les arguties gallicanes qui triomphèrent devant le Parlement. L'État mit ainsi la main dans les mariages et s'empara de la plupart des causes matrimoniales.

L'arrêt courtisanesque du Parlement de Paris produisit son effet : le madrigal s'en empara et la pratique judiciaire le convertit en doctrine savante (1). Pothier, le grave et judicieux Pothier, ne soupçonnant pas l'intrigue de cour qui avait dicté l'arrêt du Parlement de Paris, a écrit sérieusement : « La » séduction, dans notre droit français, n'est » pas moins un empêchement dirimant du » mariage que le rapt; nous la regardons » même comme un espèce de rapt et nous » l'appelons *rapt de séduction* (2). » Denisart,

---

(1) Votre œil en tapinois me dérobe mon cœur.
Au voleur ! au voleur ! au voleur ! au voleur !

MOLIÈRE.

(2) *Du Mariage*, n° 228.

procureur au Châtelet de Paris, écrivait de bonne foi : « Il y a deux sortes de rapt, savoir, le rapt de séduction et le rapt de violence (1). » On vit des avocats généraux, les gens du Roi, comme on les appelait alors, soutenir cette déplorable doctrine, en robe rouge et sans rire, sur les hauteurs de leurs siéges de judicature.

C'est qu'en effet, ils devaient être nombreux les procès auxquels la nouvelle doctrine donnait lieu. Quel était donc le mariage qui pouvait tenir? Tout mari, las de sa femme, ne pouvait-il pas lui dire : Vous avez commis à mon égard un rapt de séduction; notre mariage est nul, comme celui de Gaston d'Orléans, et je vais en demander la nullité. Et, en supposant que les époux vécussent en bonne intelligence, leurs parents, pour éviter une mésalliance, pouvaient tenir le même langage; car, nous dit encore Denisart, « le rapt étant un crime public, il est interdit aux père et mère de consentir au mariage de ceux qui en sont coupables et de faire grâce au ravisseur (2). »

On avait enfin atteint le but par un chemin tortueux et dérobé. La jurisprudence du Parlement de Paris, qui devait devenir celle de tous les Parlements de France, rétablissait

(1) V° *Rapt,* n° 2.
(2) V° *Rapt,* n° 10.

l'édit de 1629 par le subterfuge du rapt de séduction ; elle était même plus avantageuse que l'édit, car, s'agissant de rapt, la cause appartenait aux tribunaux civils et échappait à la juridiction ecclésiastique.

Louis XIII, ses conseillers et son Parlement de Paris se crurent fort habiles pour avoir ainsi fait échec à l'autorité de l'Église; ils furent tout autre chose. Ils ne comprirent pas que leur œuvre était essentiellement protestante et révolutionnaire : tant il est vrai de dire que la politique la plus habile, c'est celle qui est la plus franche et la plus honnête. Au surplus, à cette époque de notre histoire et jusqu'aux temps modernes, la science économique et sociale était nulle. On n'avait pas besoin, comme aujourd'hui, d'étudier les conditions qui font prospérer ou déchoir les nations.

Jésus-Christ, dans son divin enseignement, avait tracé la grande route de l'humanité, en disant : sans moi, vous ne pouvez rien faire : *Sine me, nihil potestis facere.* Les peuples catholiques n'avaient qu'à se conformer à cette infaillible sentence pour arriver à la grandeur et à la prospérité; car, être bon catholique, c'est être bon citoyen.

Luther, le chef des protestants, nia notamment que le mariage fût un sacrement. Pour mieux abattre l'Église contre laquelle il s'était révolté, il enseigna une doctrine qui enlevait à l'autorité ecclésiastique la plupart de ses attributions et les transférait à l'État. Le Christ avait lié César en lui imposant ses divines lois ; Luther le délia.

La séparation de l'Église et de l'État est d'origine protestante.

En France, ces doctrines, dont peut-être on ne connaissait pas bien l'origine, produisirent promptement leur effet. A dater de la réforme protestante, on voit se manifester dans les esprits une tendance à diminuer les pouvoirs de l'Église et à augmenter ceux de la royauté. Nous venons d'en voir un exemple par l'édit de 1629 et l'arrêt du Parlement de Paris qui inventa le rapt de séduction pour annuler le mariage de Gaston d'Orléans et attribuer à l'autorité civile le jugement des demandes en nullité des mariages contractés par les fils de famille sans le consentement de leurs parents. Nos légistes se signalèrent dans cette lutte contre l'Église en faveur du pouvoir royal. Par leur influence, les causes matrimoniales furent peu à peu retirées à la juridiction ecclésiastique et attribuées à la juridiction civile. La formule qu'ils inventèrent à cette occasion est restée malheureusement célèbre dans notre histoire : *Si veut le Roi, si veut la Loi.* Du reste, leur hostilité contre l'Église était dissimulée avec autant d'habileté que de perfidie : ils se disaient gallicans et prétendaient lutter pour les libertés de l'Église gallicane, comme s'il y avait deux Églises, l'une à Rome, l'autre à Paris.

On a eu raison de dire que nos légistes ont exercé une influence funeste sur les destinées de la France (1). Ce sont eux qui ont secondé les envahissements du pouvoir royal et favorisé ses dangereuses innovations. La centralisation et la bureaucratie sont leur œuvre; ils ont mis l'État partout et lui ont fait gouverner tout, même la conscience intime de l'homme.

Nos théologiens, faisant cause commune avec nos légistes et leur donnant l'exemple, enseignèrent une doctrine qui reconnaissait à l'autorité civile une entière liberté au sujet du mariage.

On n'a pas oublié la doctrine de saint Thomas : le mariage est régi par la loi naturelle, la loi civile et la loi divine. Mais la loi civile doit-elle, en cette matière, être subordonnée à la loi divine ou bien peut-elle la contrarier? Les théologiens examinèrent cette question. L'un d'eux, Ambroise Catharin, a dit dans son traité *De clandestinis matrimoniis* : « A mon avis, tout ce qui n'est pas contraire à la loi de Dieu et de la nature au sujet du mariage, est du domaine du pouvoir civil et peut être gouverné par ses lois : *quidquid non est contra legem Dei, ac legem naturæ, credo principes circa matrimonium, tanquam circa*

(1) M. le Play, *De la Réforme sociale*, t. I, ch. 6, n° 8.

suam et non alienam materiam, suis legibus providere. » Le livre d'Ambroise Catharin fut imprimé à Rome, en 1552, avec privilége; on peut donc le considérer comme exprimant la doctrine du Saint-Siége en cette matière.

La doctrine d'Ambroise Catharin, quant au droit naturel, est conforme aux règles du droit les plus certaines. En effet, c'est Dieu qui est l'inventeur, le créateur et le magnifique législateur de la loi naturelle (1); et comme il est le législateur des législateurs, la loi civile ne peut pas avoir la témérité de réformer son œuvre. Justinien a eu raison de dire que le droit naturel est immuable, parce qu'il a été établi par la providence divine : *Naturalia jura, divina quadam providentia constituta, semper firma atque immutabilia permanent* (2). Quant à la loi divine, qui, suivant la doctrine de saint Thomas, régit le mariage, tout comme le régit la loi naturelle et la loi civile, est-elle donc si éloignée de la loi naturelle? N'est-il pas vrai que l'âme humaine a besoin de Dieu et qu'elle en est avide? Dès lors, n'est-il pas rationnel que la loi civile soit subordonnée à la loi divine du mariage et qu'elle la respecte comme elle est tenue de respecter la loi naturelle?

Un théologien célèbre, dont le nom est resté

(1) Cicéron, *de Republica*, lib. III.
(2) *Instit.*, lib. I, tit. II, § 11, *De jur. nat. gent. et civ.*

pur malgré les *Provinciales* de Pascal, le jesuite Thomas Sanchez, que n'a pu atteindre ni le ridicule ni la calomnie, enseigne que les princes, par leurs lois civiles, ont le pouvoir d'établir pour leurs sujets des empêchements dirimants de mariage. Il apporte, il est vrai, un tempérament considérable à sa doctrine ; c'est que, pour les princes chrétiens, l'Église pourra, si elle le juge à propos, leur retirer ce pouvoir dont ils ne devront pas user sans son aveu, mais dont les princes infidèles resteront investis, parce qu'il leur est indispensable pour le bon gouvernement de leurs États (1).

Une doctrine analogue fut enseignée par un évêque espagnol, Melchior Cano, qui prit part aux premières sessions du concile de Trente, mais n'en vit pas la fin.

Le cardinal Bellarmin réfuta la doctrine de Sanchez et de Cano (2).

Sous le règne de Louis XIV, les théologiens français, éblouis par l'éclat de la royauté, enseignèrent que les rois avaient le pouvoir de faire des lois sur le mariage, soit pour l'interdire à certaines personnes, soit pour régler les formalités qu'ils jugent à propos de faire observer pour le contracter valablement. Telle fut la doctrine de Launoy, docteur

(1) *De Sancto matrimonii sacramento*, lib. VII, disp. IV, num. 2 et 3.

(2) *De Matrimonio*, controv. II, cap. VI.

en théologie, dans son livre intitulé : *Regia in matrimonium potestas.* Il y avait pourtant un canon du concile de Trente qui frappe d'anathème quiconque ose dénier à l'Église le pouvoir d'établir des empêchements dirimants de mariage. Launoy se dérobe à cette difficulté par une supercherie de raisonnement. L'Église, dit-il, c'est la communauté des fidèles ; les princes en font partie aussi bien que les pasteurs et les pontifes : donc, pour que le concile de Trente ait raison, il suffit que les princes aient le pouvoir d'établir des empêchements dirimants. La doctrine de Lannoy fut professée par un de ses contemporains, Hennequin, docteur de Sorbonne. Elle fut dominante parmi les théologiens français dans la seconde moitié du dix-septième siècle et pendant tout le dix-huitième (1).

Vers l'an 1620, un sectaire anglais, Robert Brown nia comme les autres protestants, que le mariage fut un sacrement; mais de plus il soutint qu'il n'était qu'un contrat civil. Brown prêcha sa doctrine à Norwich devant un auditoire d'Anglais et de Hollandais qu'il convertit.

---

(1) Au dix-neuvième siècle encore, l'abbé Carrière, le vénérable supérieur de Saint-Sulpice, adoptait la doctrine de Launoy (voir son traité *de Matrimonio,* nº 936 à 1046); il ne l'a abandonnée que dans les dernières années de sa vie. (Voir le livre du P. Perone, *de Matrimonio christiano,* t. II, p. 357).

L'ordonnance de Blois et la révocation de l'édit de Nantes avaient placé les protestants français dans la cruelle alternative de profaner par des conversions simulées le sacrement auquel ils ne croyaient point, pour pouvoir se marier en face de l'Église, ou de compromettre l'état de leurs enfants en contractant, devant leurs ministres, des mariages non reconnus par la loi et frappés d'avance de nullité. Les protestants redoublèrent donc d'efforts pour obtenir que la législation vint régulariser leur situation.

En 1755, parut un *Mémoire sur les mariages des protestants,* dont l'auteur anonyme affirme que « le roi est le maître d'établir, » sans l'intervention de l'Église, une forme » légitime pour les mariages de ses sujets » protestants, et de valider ceux qui sont déjà » faits (1). »

Il reconnaît que « pendant tous le temps » que l'édit de Nantes a été en vigueur, c'est- » à-dire pendant près de cent années, il a été » permis aux protestants de ce royaume de » se marier devant leurs ministres (2). » On croirait donc que l'auteur de ce Mémoire va solliciter une ordonnance royale ou un édit qui déclare valables les mariages célébrés devant le ministre protestant; mais pas du

(1) Première proposition, page 68 du mémoire.
(2) Pages 109 et 110.

tout : il demande que les mariages aient lieu devant un magistrat civil et que, célébrés ainsi, ils produisent des effets civils (1). C'était la doctrine du sectaire Robert Brown, la doctrine du mariage civil.

Quelques années plus tard, Pothier, le catholique et religieux Pothier, qui parle encore une langue toute chrétienne, la langue de la théologie et des conciles, écrivait son *Traité du mariage* et donnait en plein dans le dualisme gallican, sans se douter qu'il a son origine dans le protestantisme. En effet, Pothier suppose qu'il y a un contrat civil dans le sacrement de mariage et il le sépare du sacrement. Le contrat est du ressort exclusif de l'État, et il domine si bien le sacrement que tout finit par appartenir à l'État, rien à l'Église. Bien plus, sans le contrat, le sacrement n'a aucune valeur. C'est la doctrine qui, plus tard, deviendra les articles 65 et 175 du Code civil, 199 et 200 du Code pénal; c'est, de plus, l'application anticipée de la fameuse maxime révolutionnaire qui veut la séparation de l'Église et de l'État, c'est-à-dire l'oppression de l'Église par l'État.

Écoutons le célèbre professeur d'Orléans :

« Le mariage que contractent les fidèles, » étant un contrat que Jésus-Christ a élevé à » la dignité de sacrement, pour être le type

(1) Pages 111 et 112.

» et l'image de son union avec son Église, il
» est tout à la fois et contrat civil et sacrement.
» Le mariage étant un contrat, appartient, de
» même que tous les autres contrats, à l'ordre
» politique; et il est, en conséquence, comme
» tous les autres contrats, sujet aux lois de la
» puissance séculière, que Dieu a établie pour
» régler tout ce qui appartient au gouverne-
» ment et au bon ordre de la société civile. Le
» mariage étant celui de tous les contrats qui
» intéresse le plus le bon ordre de cette société,
» il en est d'autant plus sujet aux lois de la
» puissance séculière que Dieu a établie pour
» le gouvernement de cette société. Les prin-
» ces séculiers ont donc le droit de faire des
» lois pour le mariage de leurs sujets, soit
» pour l'interdire à certaines personnes, soit
» pour régler les formalités qu'ils jugent à pro-
» pos de faire observer pour le contracter
» valablement (1) ».

Voilà donc le mariage assimilé à tous les
autres contrats; le voilà même placé plus que
tous les autres contrats sous la dépendance de
l'autorité civile, parce que, plus que les autres
contrats, il intéresse le bon ordre de la société.
L'État a le droit de faire des lois qui permet-
tent ou qui interdisent le mariage à qui bon
lui semble, des lois même qui règlent les
formalités du mariage.

(1) *Du Mariage*, nᵒˢ 11, t. v, édit. Dupin.

Il est impossible d'enseigner avec plus de crudité la doctrine du mariage civil. Luther, les gallicans et Robert Brown ne sont pas allé plus loin; et, nous osons le dire, la doctrine de Luther et de Robert Brown vaut plus que celle de Pothier. En effet, ces sectaires niaient que le mariage fut un sacrement; ils étaient logiques. Pothier ne l'est pas; car, il reconnaît que le mariage, s'il est un contrat civil, est aussi un sacrement. Et quel compte tient-il du sacrement? Aucun. C'est que Pothier s'est laissé égarer par les doctrines gallicanes sans en connaître la portée. Or, les gallicans sont des hommes d'équivoque, des doctrinaires inconséquents qui voudraient bien une religion civile, qui admettent une Église, mais une Église d'État, comme si l'État était un grand pontife dont les fonctionnaires auraient la vertu d'administrer le sacrement de mariage.

Pothier continue ainsi :

« Les mariages que les personnes sujettes
» à ces lois (de la puissance séculière) con-
» tractent contre leurs dispositions, lors-
» qu'elles portent la peine de nullité, sont
» entièrement nuls... Il n'y a pas non plus,
» en ce cas, de sacrement de mariage; car il
» ne peut y avoir de sacrement sans la chose
» qui en est la matière. Le contrat civil étant
» la matière du sacrement de mariage, il ne
» peut y avoir de sacrement de mariage, lors-

» que le contrat civil est nul ; de même qu'il ne
» peut y avoir un sacrement de baptême sans
» l'eau qui en est la matière (1). »

La première de ces propositions est juridi-
quement vraie, si l'on admet comme Pothier
et les gallicans, que l'État ait le pouvoir de
faire les lois qu'il veut sur le mariage. Mais la
seconde est plus que contestable, même au
point du vue gallican. Où Pothier et les théologiens d'État ont-ils vu qu'un contrat civil
est la matière du sacrement de mariage et que
sans lui le sacrement n'existe pas ? Nous ne le
savons que trop : c'est l'argument que le Parlement de Paris invoqua pour annuler le
mariage du duc d'Orléans, avec la princesse
Marguerite de Lorraine. Le duc disait qu'il
s'était régulièrement marié à Bruxelles,
devant l'Église, en présence de l'archevêque
de Malines : il faut bien croire que le mariage
était régulier en la forme, car ceux qui
avaient tant à cœur de l'annuler, ne trouvaient
rien à dire sous ce rapport. C'est même pour
cela qu'ils furent réduits à inventer le rapt
de séduction et à prétendre que le contrat
civil était la matière du mariage et que sans
lui le sacrement n'était pas valable. Il ne faut
pas apprécier cette proposition suivant nos
idées modernes, telles que notre code civil les
a faites. Elle ne veut pas dire que le mariage

(1) *Du Mariage*, n° 12.

est un contrat purement civil qui doit précéder le mariage religieux. Nous sommes sous l'empire de l'Ordonnance de Blois, conforme au concile de Trente ; il n'y a pas de loi qui prescrive le mariage civil ; il y en a même une contraire, c'est encore l'Ordonnance de Blois : le mariage est célébré par la bénédiction du prêtre ; c'est un sacrement.

Quel est donc le sens de la maxime que le contrat civil est la matière du sacrement de mariage et que sans lui le sacrement lui-même est sans valeur ? A notre avis, elle n'est que le développement et le complément de la fameuse doctrine du rapt de séduction. L'invention de cette doctrine avait pour objet de rétablir l'édit de 1629 auquel on n'avait pas renoncé sincèrement et de soustraire à la juridiction ecclésiastique les demandes en nullité des mariages fondées sur le rapt de séduction. Il ne faut pas oublier que, d'après les anciennes lois de la France, les princes de la famille royale étaient, quant au mariage, dans une minorité perpétuelle et qu'ils ne pouvaient pas se marier sans le consentement du Roi, afin d'éviter les mésalliances dans la famille royale. Le Parlement de Paris ne pouvait pas invoquer ces lois purement et simplement contre le duc d'Orléans ; car alors le cas devenait ecclésiastique et nous venons de voir que le concile de Trente résistait à la nullité. Ce fut précisément pour rendre le cas laïque qu'on inventa le rapt de séduction. Rendus là, les casuistes du Parlement de Paris devaient logiquement décider que le mariage, étant nul d'après le droit civil et comme contrat civil, ne pouvait pas valoir comme sacrement, autrement la nullité prononcée par les tribunaux civils eut été inefficace et inutile. C'est cette conséquence que l'on exprima en disant que le contrat civil était la matière du sacrement et que sans lui le sacrement n'était pas valable.

Telle est la règle que Pothier a cru devoir faire passer dans son livre ; son origine est bien suspecte, bien tourmentée. Pothier semble l'avoir compris et il a voulu la réhabiliter en ajoutant :

« La puissance séculière a toujours joui de ce droit. C'est par la loi civile que, chez les Romains, le mariage des enfants de famille était nul, lorsqu'il était contracté sans le consentement de celui sous la puissance duquel ils étaient. C'est l'empereur Théodose qui a défendu, à peine de nullité, le mariage entre cousins germains. C'est Justinien qui a fait de l'alliance spirituelle un empêchement dirimant de mariage. Celui de la disparité du culte a été établi par les empereurs Valentinien, Valens, Théodose et Arcadius qui ont prohibé les mariages des chrétiens avec les juifs (1). »

_____

(1) *Du Mariage*, n° 13.

Ici les doctrines protestantes et gallicanes achèvent d'égarer Pothier.

Et d'abord, les constitutions des empereurs chrétiens, invoquées par Pothier, ne prouvent pas ce qu'il veut leur faire prouver, que la puissance séculière a toujours joui du droit de faire toute espèce de lois sur le mariage ; car ces constitutions ont été édictées d'accord avec l'Église. Pothier le reconnaît lui-même en ces termes : « L'Église n'a jamais regardé » ces lois des empereurs sur les mariages, » comme des entreprises de la puissance » séculière sur la puissance ecclésiastique ; » bien loin de cela, nous avons plusieurs » canons de conciles qui en recommandent » l'observation et qui prononcent des cen- » sures contre ceux qui ne les observent pas. »

On est ensuite étonné que Pothier invoque l'ancien droit romain au sujet des mariages contractés par les fils de famille sans le consentement des chefs de famille. A ce point de vue, le célèbre professeur d'Orléans a commis une double erreur. Et d'abord, même en droit romain, le mariage n'est pas un contrat, c'est un fait. En cela, le droit romain est conforme aux idées des autres peuples qui voyaient dans le mariage un acte religieux. En second lieu, le droit romain sur les mariages n'avait rien à faire ni dans le livre de Pothier, ni en France. La raison en est fort simple : la France était régie, en cette matière, par l'Ordonnance de Blois, conforme au concile de Trente. Nous venons de voir spécialement que ni le concile de Trente, ni l'Ordonnance de Blois ne prononçaient la nullité des mariages contractés par les mineurs de 25 ans sans le consentement de leurs parents. C'est à tel point que, pour faire annuler ces mariages, il avait fallu l'édit de 1629 qui excita les justes remontrances du clergé de France et qui fut retiré par Louis XIII. Eh bien ! Pothier a ressuscité cet édit en passant par-dessus l'Ordonnance de Blois qui condamne ponctuellement sa doctrine. Le Parlement de Paris n'avait pas eu tant d'audace; il n'avait pas cru pouvoir invoquer le droit romain pour se dispenser de respecter l'ordonnance de Blois et en inventant le rapt de séduction, il avait, au moins rendu un hommage hypocrite à cette même ordonnance.

Vers la même époque, Durand de Maillane, un autre légiste non moins gallican que Pothier, écrivait les lignes suivantes :

» Les auteurs qui, considérant le mariage comme un contrat civil et spirituel tout ensemble, n'osent pas enlever à l'une des deux puissances le droit d'établir des empêchements de mariage pour le donner exclusivement à l'autre, trouvent des autorités suffisantes pour l'attribuer à toutes deux séparément; et c'est le parti qu'il faut prendre sur cette importante question. L'on ne saurait se ranger du côté de ceux qui, par rapport à la liberté des sujets, à l'intérêt politique des souverains, que l'Église ne peut léser ni directement ni indirectement, et à plusieurs autres raisons, soutiennent que les princes peuvent apporter seuls à ce contrat, le plus important de la société, telles conditions que le bien de l'État peut exiger... Jusqu'à présent les deux puissances se sont assez bien accordées, sur cette matière, soit à cause de la piété de nos souverains, soit pour d'autres motifs également sages (1). »

Le protestantisme et le gallicanisme avaient enfanté le philosophisme du dix-huitième siècle ; ils allaient, par une filiation naturelle, passer du domaine de la religion dans celui de la politique. La Révolution française était imminente.

Le 28 novembre 1787, l'infortuné Louis XVI publia un édit relatif aux mariages des protestants. Mais, chose singulière, cet édit, au lieu de dire que les mariages des protestants seraient célébrés devant le ministre de leur culte et qu'ils produiraient des effets civils, déclare qu'ils auraient lieu devant un magistrat civil. Cet édit fut une regrettable faute politique. Il donne satisfaction aux idées philosophiques bien plus qu'à la doctrine protestante ;

(1) *Dictionnaire de droit canonique*, vᵒ *Empêchements*.

2**

car il applique le système de Robert Brown et les idées développées, en 1755, dans le mémoire anonyme sur les mariages des protestants. Le mariage civil était passé en loi.

CHAPITRE III.

L'ASSEMBLÉE CONSTITUANTE ET LE MARIAGE
CIVIL. — LE CODE CIVIL ET LE MARIAGE
CIVIL. — BUT RÉVOLUTIONNAIRE ET DYNAS-
TIQUE DU MARIAGE CIVIL.

L'Assemblée contituante venait de s'emparer
du pouvoir. Elle comptait dans ses rangs les
adeptes des doctrines du sectaire Robert Brown
de Launoy, de Pothier et autres gallicans. La
Révolution française était déjà dans les lois.

La question du mariage civil fut portée
devant l'Assemblée constituante ; voici à quelle
occasion.

Le curé de Saint-Sulpice était appelé à bénir
le mariage d'un acteur du Théâtre-Français,
celui-là même qui devait bientôt rendre célèbre le nom de Talma. Il refusa, en se fondant
sur des lois canoniques particulières à la
France. L'Assemblée constituante s'arrogeait
tous les pouvoirs et se faisait volontiers casuiste, canoniste, théologienne, même césa-
rienne. Talma, qui la connaissait bien, fit
comme ces Romains qui soumettaient à César

la décision des difficultés qui les embarras-
saient; il écrivit à l'Assemblée une lettre philosophique dans laquelle il lui disait :

» Je me prosterne devant Dieu ; je professe
» la religion catholique, apostolique et ro-
» maine. Comment cette religion peut-elle
» autoriser le dérèglement des mœurs?... Je
» m'abandonne avec confiance à votre justice. »

Cette lettre ayant été lue à la séance du 12
juillet 1790, Gouttes, un curé constitutionnel,
se leva et dit :

« Une expérience de vingt-deux ans m'a
» mis à portée de connaître qu'il y a une
» grande différence entre le contrat civil et le
» sacrement de mariage. Je demande qu'il soit
» adjoint au comité ecclésiastique, pour l'exa-
» men de la question, trois membres bien
» instruits des lois canoniques (1). »

L'Assemblée constituante renvoya la lettre
de Talma au comité ecclésiastique. Ce fut alors
que Durand de Maillane, qui trouvait sage
l'entente entre l'État et l'Église, rédigea, d'accord avec ses collègues, Lanjuinais, Treilhard
et Expilly, le premier projet de loi sur le
mariage civil.

Ce projet de loi passa dans la Constitution
du 3 septembre 1791, dont l'article 7 (titre 2)
est ainsi conçu : « La loi ne considère le mariage que comme un contrat civil. »

(1) Voir le *Moniteur* du 13 juillet 1790.

La voilà donc convertie en loi la pensée de sécularisation qui domine les nouveaux législateurs. Cette sécularisation consiste à mettre la vie civile en dehors de la vie chrétienne. On ne persécute pas encore le catholicisme, on lui laisse même sa part, la conscience ; mais on veut se passer de lui et faire sans lui ; on le bannit des lois et des institutions nationales. C'est la philosophie qui prend dans les lois la place de la religion.

Ils se trompent les législateurs qui croient que les lois civiles peuvent se passer des lois de Dieu : ils oublient que les grands peuples ont tous été des peuples religieux et qu'ils ont cessé d'être grands quand ils ont voulu marcher seuls et sans Dieu.

En exécution de la Constitution de 1791, qui devait être suivie de tant d'autres, la loi du 20 septembre 1792 régla les formes du mariage et ordonna qu'il aurait lieu désormais dans la maison commune devant l'officier de l'état-civil. Cette loi consacra une autre innovation fort grave ; elle établit pour les époux la faculté du divorce, rompant en cela avec les enseignements de l'Église et les antiques traditions de la législation française. Voici en quels termes un des membres de l'Assemblée constituante, Léonard Robin, s'efforçait de justifier le divorce, dans le rapport qu'il fit à la séance du 7 septembre 1792 :

» Vous avez décrété que le divorce aura

2***

» lieu en France. La déclaration des droits et
» l'article de la Constitution, qui veut que le
» mariage soit regardé par la loi comme un
» contrat civil, vous ont paru avoir consacré
» le principe, et le décret n'en est que la décla-
» ration... Le comité a cru devoir accorder ou
» conserver la plus grande latitude à la faculté
» de divorcer, *à cause de la nature du mariage*
» *qui a pour base principale le consentement*
» *des époux* et parce que la liberté individuelle
» ne peut jamais être aliénée d'une manière
» indissoluble par aucune convention (1). »

Quelques années après, un autre législateur de la même trempe philosophique, Cambacérès, présentait successivement trois projets
de Code civil et ne parlait pas autrement que
Léonard Robin. Dans le premier de ces projets, il disait : « Le pacte matrimonial doit son
origine au droit naturel... La volonté des époux
en fait la substance, le changement de cette
volonté en opère la dissolution. De là le principe du divorce, établissement salutaire longtemps repoussé de nos mœurs par l'effet d'une
influence religieuse (2). »

Dans son second rapport, Cambacérès ne
faisait que varier les termes du premier : « Ce
» que la volonté à fait, disait-il, la volonté peut
» le changer. La volonté des époux fait la

---

(1) *Voir* le *Moniteur* du 8 septembre 1792.
(2) Fenet, *Rapports et motifs du Code civil*, t. Ier, p. 4.

» substance du mariage. Le changement de
» cette volonté en opère la dissolution. De là
» le principe du divorce (1). »

Enfin il disait dans son troisième projet :
» L'indissolubilité n'est pas une loi de la na-
» ture ; elle ne saurait être une loi de la
» société conjugale (2). »

Si l'on admet que le mariage est simplement un contrat de droit naturel, qui se forme
par le seul consentement des époux, si l'on ne
tient aucun compte de son caractère religieux,
il faut bien reconnaître que le divorce est logique. Alors, en effet, il est vrai de dire que ce
que la volonté des époux a fait, leur volonté
contraire peut le défaire. Cela est tellement
vrai que le jour où l'Assemblée constituante
décida que la loi ne considérait le mariage que
comme un contrat civil, ce jour-là elle décida
aussi que « le mariage est un contrat disso-
luble par le divorce. » Mais il reste à savoir si
le mariage n'est qu'un contrat de droit naturel
et de droit civil, ou bien s'il est de plus un contrat de droit divin, un sacrement ou tout au
moins un acte religieux. Il y avait, pour nos
législateurs modernes, deux manières de résoudre cette question : c'était de se laisser
guider par les doctrines philosophiques et
révolutionnaires ou par les mœurs et les tra-

(1) Fenet, t. Ier, p. 105.
(2) Fenet, t. II, p. 203.

ditions nationales de la France. On devait, sans hésiter, prendre ce dernier parti; car les lois sont faites pour les peuples et non pas les peuples pour les lois. Or, l'immense majorité des Français considérait le mariage, non pas comme étant seulement de droit naturel et de droit civil, mais encore et surtout comme étant de droit divin, un sacrement. Il fallait donc, au nom de la liberté de conscience, dire que le mariage pourrait être célébré, soit devant le prêtre catholique, suivant les canons de l'Église, soit devant le ministre protestant ou le rabbin, soit enfin, pour les athées, devant l'officier de l'état civil.

Mais la secte philosophique qui venait de s'emparer du pouvoir n'avait nul souci de respecter la liberté ni de tenir compte des mœurs nationales. Elle voulait, coûte que coûte, imposer ses idées révolutionnaires à la France et les convertir en lois. Sa religion, c'était celle de la nature, la religion de ceux qui n'en ont pas, la religion de la brute. La liberté est une chose fort commode que les révolutionnaires invoquent pour arriver au pouvoir; quand ils y sont parvenus, ce n'est plus qu'un vain mot qu'ils gravent sur les pièces de monnaie ou qu'ils placardent au coin des rues, en tête des dépêches officielles.

Les rédacteurs du Code civil durent s'incliner devant ces précédents révolutionnaires; ils étaient dominés d'ailleurs par des raisons politiques et dynastiques dont nous parlerons bientôt.

Portalis, la plus haute intelligence du Conseil d'État, s'abaissant jusqu'à Cambacérès, disait dans son exposé des motifs :

« Sous l'ancien régime, les institutions
» civiles et les institutions religieuses étaient
» intimement unies. Les magistrats instruits
» reconnaissaient qu'elles pouvaient être sé-
» parées ; ils avaient demandé que l'état civil
» des hommes fut indépendant du culte qu'ils
» professaient. Ce changement rencontrait de
» grands obstacles. »

« Depuis, la liberté des cultes a été pro-
» clamée. Il a été possible alors de sécula-
» riser la législation. On a organisé cette
» grande idée, qu'il faut souffrir tout ce que
» la Providence souffre, et que la loi, qui ne
» peut forcer les opinions religieuses des ci-
» toyens, ne doit voir que des Français, comme
» la nature ne voit que des hommes. »

Il faut plaindre les législateurs qui en sont réduits à invoquer de pareilles raisons. Nous savons d'où vient l'opinion de ces magistrats instruits qui avaient demandé que l'état civil des hommes fut indépendant du culte qu'ils professaient. C'étaient ces doctrines gallicanes, nées du protestantisme, qui s'efforçaient d'attribuer à l'État ce qui appartenait à l'Église. Nous avons établi, l'histoire à la main, que c'est là l'origine du mariage civil.

Du principe de la liberté des cultes on veut déduire comme conséquence la sécularisation du mariage, c'est-à-dire le mariage civil, conséquence dont la fausseté sera bientôt démontrée.

Nous admettons volontiers que la loi ne puisse pas et ne doive même pas forcer les opinions religieuses des citoyens. Mais s'ensuit-il, comme disait Portalis, que cette même loi ne doive voir que des Français, comme la nature ne voit que des hommes ? Oui, d'après le naturalisme, cette religion philosophique du dix-huitième siècle, devenue le panthéisme moderne qui prétend que *Dieu est le tout,* afin qu'il ne soit rien du tout. C'est cette religion de l'athéisme, cette philosophie de la matière, qui a égaré les Constituants de 1793 et les rédacteurs du Code civil : ils l'ont prise pour modèle de leurs lois sur le mariage. Or, cette philosophie sombre et dégradante, empruntée aux écrits de Rousseau, ne voit que l'homme physique et ne s'occupe que de ses intérêts matériels. Portalis déguisait ces idées sous un certain euphémisme, quand il disait que la loi ne doit voir que des Français, comme la nature ne voit que des hommes.

Mais ces Français, ce sont, en immense majorité, des catholiques, pour qui le mariage est un sacrement et n'existe qu'autant qu'il est célébré par la bénédiction du prêtre ; ce sont des protestants et des israélites pour qui

le mariage est tout au moins un acte religieux
et n'existe qu'autant qu'il est célébré par le
ministre ou le rabbin. Les lois ont aussi leurs
lois, *legum leges,* disait Bacon, l'illustre chancelier d'Angleterre. Et chez nous, Montesquieu, traçant ces lois des lois, a dit : « Les
lois sont faites pour les hommes et non les
hommes pour les lois. » Nos législateurs révolutionnaires ont mis à rebours cette belle
maxime, protectrice des mœurs et des habitudes nationales. Les hommes sont faits pour
subir la tyrannie des lois dictées par les passions et les intérêts révolutionnaires.

Au surplus, les rédacteurs du Code civil
manquaient de liberté. Le maître de la France,
Bonaparte, premier Consul, avait déjà mani-
festé son inflexible volonté dans les articles
organiques du Concordat, ou loi du 18 ger-
minal an X ; l'article 54 de ces articles organiques, promulgués le 8 avril 1802, est ainsi
conçu : « Les curés ne donneront la bénédic-
» tion nuptiale qu'à ceux qui justifieront en
» bonne et due forme avoir contracté mariage
» devant l'officier de l'état civil (1). » En conséquence, les articles 75 et 165 du Code civil,
s'inspirant des idées révolutionnaires, établi-

(1) Les articles 199 et 200 du Code pénal punissent
de peines correctionnelles le ministre d'un culte qui
procède aux cérémonies religieuses d'un mariage sans
qu'il lui ait été justifié d'un acte de mariage préalablement reçu par les officiers de l'état civil.

rent le mariage civil. Dès cette époque, Bonaparte rêvait déjà l'empire. Pour y parvenir, il devait adopter les idées de la révolution, et pour s'y maintenir il voulait continuer d'abattre l'influence du clergé en substituant la commune à l'Église et le maire au curé.

Ces idées et ce but présidèrent à la rédaction du Code civil et notamment à celle des articles 75 et 165. Napoléon disait sur son rocher de Sainte-Hélène :

« Le mariage doit être un contrat purement
» civil : et lorsque les parties ont paru devant
» un magistrat et qu'en présence des témoins,
» elles ont pris un engagement, elles doivent
» être considérées comme mari et femme.
» C'est ce que j'ai fait en France. S'ils le veu-
» lent, ils peuvent ensuite faire répéter la cé-
» rémonie par un prêtre. *Ce fut toujours une*
» *maxime que les cérémonies religieuses ne*
» *doivent jamais être au-dessus des lois* (1). »

(1) *Napoléon captif à Sainte-Hélène*, par O'Meara, 1re partie, 17 juin 1816, t. Ier, p. 50. — Napoléon se contente d'affirmer, sans aucune preuve, que le mariage *doit être* un contrat purement civil. La présente monographie lui donne un démenti formel et démontre son immense erreur. — C'est ce que j'ai fait en France, dit Napoléon. Il faut avoir, pour s'exprimer ainsi, l'audace d'un Bonaparte et la manie de tout s'approprier. L'Assemblée constituante l'avait fait avant lui et il n'a été que son plagiaire en cette matière. — La maxime dont parlait Napoléon n'a jamais existé; c'est tout le contraire qui est vrai. L'histoire des anciens peuples

Un autre jour il disait encore :

« Je rendis tout indépendant de la reli-
» gion : les tribunaux, les mariages.... Mon
» intention était de rendre purement civil ce
» qui appartenait à l'État et à la Constitution,
» sans égard pour aucune religion. *Je ne*
» *voulais accorder au prêtre aucune in-*
» *fluence, ni aucun pouvoir sur les affaires*
» *civiles* (1). »

prouve que les lois civiles étaient subordonnées à
la religion et aux cérémonies religieuses. Chez les
Romains, les cinq *actions de la loi* étaient d'origine
pontificale ; la procédure, appelée *actio sacramenti*, était
une cérémonie religieuse. Chez les peuples anciens et
même chez les modernes, le mariage n'a-t-il pas été
un acte religieux ? Et chez nous l'Ordonnance de Blois
n'a-t-elle pas été rendue conformément au concile de
Trente ? Portalis que nous venons de citer, ne disait-il
pas, dans son Exposé des motifs : « Sous l'ancien régime, les institutions civiles et les institutions religieuses étaient intimement unies ? » D'ailleurs les
hommes qui ont encore conservé un caractère viril,
tiennent autant à leur foi religieuse qu'à leurs intérêts
matériels. Or, les lois étant faites pour les hommes et
non dans l'intérêt dynastique des Césars révolutionnaires qui les gouvernent, doivent tenir compte de cette
foi religieuse.

(1) *Ib.*, 2 nov. 1816, p. 150. — C'est toujours la
même prétention d'accaparement. L'historique du mariage civil, que nous venons de présenter, prouve que
c'est le gallicanisme d'abord et ensuite la révolution,
deux enfants du protestantisme, qui ont rendu les tribunaux et les mariages indépendants de la religion.
Quelques années après la publication du Code civil, un

Voilà bien la véritable raison et le véritable
but du mariage civil ; cette raison et ce but

de ses collaborateurs, Malleville, ayant fait un livre fort
modeste, intitulé : *Analyse raisonnée du Code civil*,
Napoléon, informé de ce fait, s'écria : « Il y a un com-
mentateur de *mon Code !* Ah ! *mon Code* est perdu ! »
Le Code civil, quoique à deux reprises différentes il
ait été appelé, par décret impérial, *Code Napoléon*, reproduit presque toujours notre ancien droit français, et
ses rédacteurs n'ont que le mérite de la codification.
Les parties de ce Code, dans lesquelles nos législateurs ont fait à nouveau ne laissent que trop à désirer. Tels sont les titres : *du Mariage, de la Paternité et de la filiation, de la Puissance paternelle,* et l'article 826 qui prescrit le partage en nature. Trois ans
après la promulgation de cet article, Napoléon créait
les majorats. Le but de cette législation, contradictoire
en apparence, c'était d'abattre ce qui restait de l'ancienne noblesse, parce qu'elle était hostile au nouvel
ordre politique, en dépeçant ses domaines, et de la
remplacer par une noblesse nouvelle, dévouée à l'empire révolutionnaire. La preuve en est dans la lettre
que Napoléon écrivait, le 5 juin 1806, à son frère Joseph, alors roi de Naples : « Établissez le Code civil à
» Naples, lui disait-il ; tout ce qui ne vous sera pas
» attaché va se détruire en peu d'années et ce que
» vous voudrez conserver se consolidera. Voilà le
» grand avantage du Code civil... Il consolide votre
» puissance, puisque, par lui, tout ce qui n'est pas
» fidéicommis tombe, et qu'il ne reste plus de grandes
» maisons que celles que vous érigez en fiefs. C'est ce
» qui m'a fait prêcher un Code civil et m'a porté à l'é-
» tablir. » (Cette lettre est rapportée dans les *Mémoires
et Correspondance politique et littéraire du roi Joseph,*
t. II, p. 275, et par M. le Play, *De la Réforme sociale,*
t. I, ch. xx, n° v, p. 270 de la 5° édit.) Ainsi, l'art. 826

sont éminemment politiques et dynastiques. Les hommes qui s'étaient emparés du pouvoir voulaient comme toujours s'y maintenir par toute sorte de moyens. L'un de ces moyens a consisté à dénaturer le mariage et à le travestir en contrat civil, afin que le clergé n'eût *aucune influence, ni aucun pouvoir sur cette* AFFAIRE CIVILE. On pouvait ainsi appliquer au clergé la maxime révolutionnaire : « Ote-toi de là, que je m'y mette. » La Révolution avait inventé la centralisation administrative, cette épée dont la poignée est à Paris et dont la pointe rayonne par toute la France. Elle avait aussi inventé les communes et les maires, afin de pouvoir opposer la commune à la paroisse et le maire au curé. Par le maire, doublé depuis longtemps de l'instituteur primaire, chaque nouveau gouvernement imposé par les révolutions parisiennes est présent dans tous les coins les plus reculés de la France et s'en empare. Le maire et l'instituteur, son secrétaire, sont des agents

du Code civil, édicté soi-disant au nom de l'égalité et des droits de la nature, était fait secrètement dans l'intérêt du règne qui se préparait ; il avait pour but réel d'anéantir la fortune et l'influence des anciennes familles et de les remplacer par une féodalité bonapartiste. L'empire et ses majorats ont disparu ; mais l'article 826 est resté avec son action dissolvante de la stabilité des familles. Il est impossible de mieux faire les affaires de la Révolution démocratique et sociale.

gouvernementaux chargés de convertir les populations des campagnes au nouvel ordre de choses. Il faut donc qu'ils aient de l'influence, et c'est pour cela que les lois modernes ont transformé le maire en curé civil et inévitable pour les mariages. Quant à l'instituteur, il est le bureaucrate de la mairie; c'est lui qui délivre les extraits des actes de l'état civil, qui écrit et affiche les publications des mariages, le tout signé par le maire.

On le voit, d'après les lois modernes, ce sont les peuples qui sont faits pour les gouvernements, et non pas les gouvernements qui sont faits pour les peuples.

Nous avons été conduits au mariage civil obligatoire par les doctrines protestantes et gallicanes, par l'arrêt obséquieux du Parlement de Paris du 5 septembre 1634, le tout accepté par Pothier avec une docilité qui étonne. L'erreur de Pothier et de ceux qui l'ont précédé dans cette malheureuse voie, c'est ce contrat civil que l'on a cousu au sacrement de mariage et qui en aurait formé la matière, si bien que le contrat civil n'existant pas, le sacrement n'existait pas non plus. La question de validité du contrat civil appartenait aux juges royaux ; et comme elle dominait le sacrement, il en résultait que le pouvoir royal, c'est-à-dire l'État, se faisant théologien et grand pontife, jugeait les questions de validité du sacrement lui-même. La politique la plus habile, c'est celle qui est la plus honnête. Les commissaires de Louis XIII et ces autres courtisans qui composaient le Parlement de Paris, avaient réussi, par la jonglerie du contrat civil, à tromper le clergé français, mais aussi à préparer le lit à la Révolution française et à son Bonaparte. En effet, les révolutionnaires de 1792 et ceux de 1803 n'ont eu qu'à diviser et séparer ce qui jusque-là était uni, le prétendu contrat civil et le sacrement ; en détachant le sacrement du contrat civil, il n'est resté que le contrat civil, c'est-à-dire le mariage civil. Nos législateurs ont retenu le soi-disant contrat civil, qui n'est pas le mariage, et ils ont rejeté le sacrement ou l'acte religieux, qui est le mariage : c'est prendre l'ombre pour le corps.

CHAPITRE IV.

RÉFUTATION DES RAISONS SUR LESQUELLES ON FONDE LE MARIAGE CIVIL. — GRAVES INCONVÉNIENTS DU MARIAGE CIVIL.

Nous venons de déterminer le caractère du mariage : nous avons vu qu'il est un acte religieux pour tous les peuples, anciens et modernes, et que, pour les catholiques, il est quelque chose de plus, un sacrement.

L'origine du mariage civil nous est également connue ; nous venons d'établir qu'il nous vient de la Réforme protestante. Le protestantisme, né d'une révolte contre l'Église, s'efforça de l'abattre notamment en la dépouillant de ses attributions au profit de l'État. De là il n'y avait qu'un pas à faire pour arriver au mariage civil. Nos législateurs modernes n'hésitèrent pas ; ils étaient imbus de la philosophie protestante et révolutionnaire ; en décrétant le mariage civil, ils combattaient l'Église et augmentaient les pouvoirs de l'État.

On remarque chez nos législateurs un grand embarras pour motiver le mariage civil. Portalis, dont il faut encore reproduire les paroles pour les réfuter, disait dans le style vide et prétentieux de l'époque :

« Sous l'ancien régime, les intitutions ci-
» viles et les institutions religieuses étaient
» intimement unies. Les magistrats instruits
» reconnaissaient qu'elles pouvaient être sé-
» parées ; ils avaient demandé que l'état civil
« des hommes fut indépendant du culte qu'ils
» professaient. Ce changement rencontrait
» de grands obstacles. •

» Depuis, la liberté des cultes à été pro-
» clamée. Il a été possible alors de séculariser
» la législation. On a organisé cette grande
» idée, qu'il faut souffrir tout ce que la Pro-
» vidence souffre, et que la loi, qui ne peut
» forcer les opinions religieuses des citoyens,
» ne doit voir que des Français, comme la
» nature ne voit que des hommes. »

Il ne suffit pas de proclamer des principes de liberté, pour se donner de grands airs de libéralisme ; il faut encore avoir la bonne foi de les appliquer sincèrement. Si nos législateurs avaient pratiqué leurs propres maximes, s'ils avaient su « souffrir tout ce que la Providence souffre, » ils n'auraient pas imposé le mariage civil à ces millions de catholiques que la Providence souffre en France et en Italie, car, lorsque le Code civil fut fait, l'Italie était française. En effet, pour les catholiques, le mariage n'existe que par la bénédiction du prêtre. Or, nos lois révolutionnaires disent à cés catholiques : Désormais vous vous marierez devant l'officier de l'état civil, et quand le mariage aura eu lieu de cette manière, vous serez époux, vous aurez tous les droits et vous vous devrez tous les devoirs d'époux et d'épouse.

Mais, de bonne foi, pour quiconque a un peu de bon sens dans la tête et de justice dans le cœur, n'est-ce pas un odieux attentat à la liberté des consciences ? N'est-ce pas mettre à la torture la foi religieuse des catholiques condamnés à subir de telles lois ? Que faut-il penser d'une législation qui érige la prostitutition en devoir et fait du mariage un concubinage légal ? Ce qui fait la dignité de l'homme, c'est sa foi, c'est sa conscience, deux choses que nos lois modernes foulent aux pieds pour faire de tous les Français des libres penseurs et des jacobins.

« La loi, disait Portalis, ne peut pas forcer les opinions religieuses des citoyens. » Pourquoi donc les force-t-elle ?

Portalis ajoutait : « La loi... ne doit voir que des Français, comme la nature ne voit que des hommes. »

Il ne faut pas être dupe de cette phraséologie philosophique. Le motif invoqué par nos législateurs pour justifier le mariage civil est faux d'un bout à l'autre, malgré les précautions qu'ils ont prises pour en dissimuler l'énormité et lui donner une apparence

3*

de raison. Il s'agit du mariage. L'histoire
nous apprend que chez les anciens peuples
le mariage a été un acte religieux; il a conservé ce caractère chez les peuples modernes;
pour les catholiques, il est un contrat de
droit divin, un sacrement. Les peuples anciens, notamment les Perses, les Mèdes, les
Athéniens, n'avaient pas été aussi perspi-
caces que nos législateurs révolutionnaires :
ils n'avaient pas découvert que la loi ne devait voir que des Perses, que des Mèdes, que
des Athéniens, comme la nature ne voit que
des hommes. Tout au contraire, ces peuples
avaient compris que dans un Perse, par
exemple, il n'y avait pas qu'un Perse, qu'il y
avait aussi un homme supérieur à la brute,
un homme ayant de la religion, un homme
enfin pour qui le mariage était un acte religieux ; et leurs lois, plus libérales que nos
libéraux, plus consciencieuses que nos révolutionnaires, avaient respecté les mœurs et
les croyances nationales en accordant tous les
effets civils au mariage religieux. Nos législateurs modernes n'ont pas été si scrupuleux.
Parvenus au pouvoir par une révolution politique qui est la conséquence d'une révolution
religieuse, ils ont dû et ils doivent, pour conserver ce pouvoir, développer les idées révolutionnaires et les imposer par leurs lois à la
France, dussent-ils la dénationaliser et la
perdre. Mais la révolution religieuse est née

d'une révolte contre l'Église catholique. Le protestantisme s'est efforcé et s'efforce encore d'abattre cette grande rivale. Un des moyens qu'il emploie, pour atteindre ce but, c'est de dépouiller l'Église et d'attribuer ses dépouilles à l'État. Le but n'a été atteint qu'en partie : l'Église n'a pas été détruite; ce qu'on a détruit, c'est la religion en général, la protestante plus encore que la catholique. D'ailleurs, le protestantisme, par son principe de libre examen et de négation, est condamné à dégénérer en philosophie. Voilà pourquoi la Révolution française, sa fille, est, comme lui, spoliatrice et persécutrice de l'Église, pourquoi aussi elle n'a d'autre religion que celle de l'athéisme, pourquoi enfin elle impose des lois athées, comme celle du mariage civil, loi qui a pour but de détruire l'influence de l'Église et d'augmenter celle de l'État.

Enfin, « la loi, disait Portalis, ne doit voir que des Français, comme la nature ne voit que des hommes. » Il faut mépriser une nation pour lui imposer des lois fondées sur de tels motifs. Il s'agit du mariage, d'un acte solennel qui touche à la foi religieuse et à la conscience intime de l'homme; et la loi vient dire à cette nation, composée, en immense majorité, de catholiques : La nature ne voit que des hommes; donc, moi aussi, je ne dois voir que des hommes et pas de catholiques. Voilà donc la nature, le Dieu du dix-huitième

siècle, qui intervient dans le mariage pour lui
dicter ses lois. Ce Dieu-là est bien commode;
il ne voit que des hommes et leur permet de
faire tout ce qu'ils veulent. Mais ces hommes, ce sont. des animaux qui s'appellent des hommes, comme il y a d'autres
animaux qui s'appellent des chiens, des chevaux. La nature a-t-elle établi le mariage
entre les chiens, les chevaux, etc. ? Non ; ils
n'ont pas d'officier de l'état civil. Pourquoi
donc la loi, puisqu'elle se fonde sur la nature,
établit-elle le mariage parmi les hommes ?
N'est-ce pas absurde ? Portalis ne s'est-il pas
mis en contradiction avec lui-même, et au
lieu d'invoquer la nature en faveur du mariage civil, ne devait-il pas l'invoquer en faveur de l'abolition du mariage ? Nous recom-
mandons ce raisonnement à M. Naquet qui
vient de saisir la Chambre des députés d'une
proposition tendant au rétablissement du divorce; nous l'engageons à être logique et à
demander l'abolition du mariage. Pour nous,
qui sommes catholique et, par conséquent,
clérical, nous avons toujours cru que le mariage est un acte religieux ou qu'il n'est rien.
Voilà pourquoi aussi, dans notre intime conviction, le mariage civil est un concubinage
légal, un acte de bestialisme. Nous croyons
aussi que l'homme est supérieur à la brute,
qu'il « est une intelligence servie par des or-
ganes » et que, suivant la belle pensée du Psal-

miste, il ne doit pas devenir comme le cheval et le mulet qui n'ont pas d'intelligence.

Portalis ne pouvait pas exposer dans toute leur vérité les motifs du mariage civil : on devait craindre de soulever l'indignation et les protestations de la France catholique. On usa donc d'euphémismes et, malgré les précautions prises, la fameuse proposition de Portalis est une immense erreur.

Sans doute la loi ne peut pas et ne doit pas forcer les opinions religieuses ; mais malheureusement les rédacteurs du Code civil ont été infidèles à leur propre maxime : en décrétant le mariage civil pour tous les Français indistinctement, ils ont forcé la foi religieuse des catholiques et les ont obligés à ne pas se marier ou à faire un acte d'apostasie, un acte de sectaires, en se mariant civilement.

Il n'est pas vrai que la loi doive, surtout quand il s'agit de mariage, ne voir que des Français ; car ces Français sont des catholiques, des protestants ou des israélites, et, suivant le culte qu'ils professent, les formes du mariage religieux sont différentes. Nos législateurs, s'ils avaient été sincèrement libéraux, s'ils avaient eu quelque souci de respecter les croyances religieuses de leurs concitoyens, auraient dit que la loi tenait pour valables les mariages célébrés devant le prêtre catholique, le ministre protestant ou le rabbin et qu'elle accordait tous les effets civils u x mariages ainsi célébrés. La loi, en procédant de la sorte, aurait vu, avec raison, plus que des Français ; elle aurait distingué, dans ces Français, le catholique, le protestant, l'israélite, et donné, en fait de mariage, une légitime satisfaction aux croyances religieuses de ces diverses catégories de citoyens. C'est ce qu'a fait le bon sens de la libérale Angleterre (1). Mais nos législateurs, venus par la Révolution, étaient condamnés, pour se maintenir au pouvoir, à donner satisfaction aux passions révolutionnaires, et à détruire l'influence de l'Église au profit de l'État.

Le serment est, comme le mariage, un acte religieux qui touche à la foi et à la conscience de l'homme. La loi l'exige ou le permet dans plusieurs cas : elle l'exige des témoins qui sont appelés à déposer devant la justice, afin d'obtenir plus de garanties de leur véracité : elle permet à un plaideur de déférer le serment à son adversaire sur un fait que celui-ci nie, et au juge de le déférer à l'une des parties sur des faits qui ne sont pas entièrement prouvés. Mais la manière de prêter serment varie, comme celle de se marier, suivant les différentes religions : le juif jure autrement que le chrétien. La loi n'a pas déterminé la forme du serment pour les témoins devant les cours d'assises, ni devant les tribunaux cor-

_____

(1) Voy., ci-après, ch. VI, § 1.

rectionnels, ni devant les tribunaux civils ou
de commerce. C'est un juif qui est appelé
comme témoin devant une de ces juridictions ;
comment prêtera-t-il serment ? Ne perdons
pas de vue la maxime de Portalis : « La loi,
» qui ne peut forcer les opinions religieuses
» des citoyens, ne doit voir que des Français,
» comme la nature ne voit que des hommes. »
Si cette proposition est vraie, le serment doit
être civil et uniforme pour tous les Français,
comme le mariage civil : le juif devra donc
prêter serment comme le chrétien. Mais,
pour lui, le serment ainsi prêté n'en est pas
un, pas plus que le mariage civil pour les
catholiques ; il ne remplit donc pas le but de
la loi. Comment sortir de cette difficulté ? Les
jurisconsultes qui interprètent la loi dans
leurs écrits, les magistrats qui l'appliquent
dans leurs arrêts, décident unanimement que
le juif prêtera serment suivant les prescriptions de sa religion, *more judaico.*

C'est un éclatant démenti donné, par la doctrine et la jurisprudence, à la malheureuse
affirmation de Portalis. Le bon sens, la
justice, le but de la loi veulent qu'il en soit
ainsi. Pourquoi donc la loi n'a-t-elle pas fait
pour le serment ce qu'elle a fait pour le mariage ? Pourquoi n'a-t-elle pas prescrit un
serment civil, indépendant de toute croyance
religieuse, comme elle a prescrit le mariage
civil ? Pourquoi enfin n'a-t-on pas dit, pour

le serment comme pour le mariage civil, que la loi ne doit voir que des Français, comme la nature ne voit que des hommes? C'est parce que le serment a lieu devant le juge, et qu'il n'y a là rien qu'on puisse enlever à l'Église, tandis que le mariage, avant d'être *civilisé*, avait lieu devant le prêtre. En prescrivant un serment civil et uniforme pour tous les Français, on n'enlevait rien au prêtre, tandis que, en imposant le mariage civil, on diminuait l'influence de ce que nos révolutionnaires appellent *le cléricalisme;* on substituait la commune à l'Église, le maire au curé; on faisait échec, par les lois, au catholicisme et l'on se promettait de bannir la religion de l'esprit et du cœur des catholiques pour les faire entrer, par cela même, dans le giron de la sainte Église de la Révolution et du bonapartisme. Voilà à quoi tiennent, en France, la validité des mariages et la légitimité des enfants! Aucun catholique ne peut être légalement marié, ni avoir des enfants légitimes, sans avoir préalablement, par le mariage civil, sacrifié aux doctrines révolutionnaires qui sont la négation et la persécution de sa religion.

Pourrait-on citer, depuis que le monde est monde, une loi plus atroce et plus despotique? Ceux qui ont fait cette loi ont cru être fort habiles; ils ont été tout autre chose. C'est le catholicisme qui a fait la France, et qui l'a faite grande, prospère, glorieuse, la première et la plus puissante des nations. Nos révolutionnaires savent-ils qu'en combattant le catholicisme, ils combattent la France et que ce sont leurs agissements impies qui l'on précipitée là où elle est ? Le prince de Bismark le sait bien. Notre implacable ennemi n'a pas de meilleurs auxiliaires que nos révolutionnaires dans la guerre qu'il fait au catholicisme, sachant bien que chaque coup qu'il lui porte est un coup porté à la France pour achever de l'abattre. Et nos révolutionnaires l'applaudissent !

Le parti révolutionnaire a inventé une singulière maxime : c'est que « le droit civil est indépendant des idées religieuses. » Les rédacteurs du Code civil n'ont pas invoqué cette maxime pour motiver leur loi du mariage civil : ils se sont contentés de l'appliquer.

Il faut remarquer d'abord que cette maxime, comme toutes les maximes révolutionnaires, est à longue portée : on peut en faire sortir tout ce qu'on veut. Ainsi sous prétexte que le droit civil est indépendant des idées religieuses, on peut le faire servir à persécuter et à proscrire la religion. C'est ce que fait la loi du mariage civil.

Nous avons dit que cette maxime est fausse ; il n'est pas difficile de le prouver.

L'histoire de tous les peuples, anciens et

modernes, lui donne un éclatant démenti.
Partout le droit civil est subordonné à la religion ; il est l'expression des mœurs nationales ; or, les mœurs d'un peuple sont for-
mées par ses idées religieuses. C'est ainsi
que, chez tous les peuples, le mariage a été
un acte religieux ; il a eu ce caractère en
France jusqu'en 1792. Le mariage est de droit
divin et religieux plus que de droit civil. Le
pur droit civil lui-même est conforme à la
religion des peuples. C'est ainsi que, chez les
Romains, la loi pressait l'acceptation des hé-
rédités, afin que les sacrifices ne fussent pas
trop longtemps interrompus dans la famille
du défunt. Et dans notre Code civil lui-même
il existe plusieurs articles qui sont empruntés
au droit canonique, c'est-à-dire aux idées
religieuses.

Ceux qui ont fait la déplorable loi du mariage civil sont aussi ceux qui avaient proclamé le principe de la liberté des cultes. Qui
le croirait ! De graves et savants jurisconsultes enseignent, avec une confiance qui
nous étonne, que le mariage civil est une
conséquence de cette liberté des cultes. Ainsi
Dalloz dit :

« L'Assemblée nationale proclama la liberté
des cultes. L'une des conséquences de cette
liberté, c'était la séparation, pour tous les citoyens indistinctement, du contrat civil et du
sacrement de mariage : aussi la Constitution

des 3-14 septembre 1791 déclara-t-elle que la loi ne considérait le mariage que comme un contrat civil (1). »

Cette doctrine est une immense erreur que, depuis trois quarts de siècle, on enseigne en France. C'est ainsi que l'interprétation cache ce que la loi du mariage civil a de tyrannique, d'odieux, d'attentatoire à la liberté des consciences et à la foi religieuse des peuples.

Qu'on nous permette une comparaison triviale, mais juste :

Cinq voyageurs arrivent dans une auberge ; il n'y a que des œufs à leur servir. Parmi ces voyageurs, trois les aiment et les veulent en omelette, le quatrième à la coque et le cinquième au miroir. L'aubergiste pourrait facilement contenter tout ce monde en préparant des œufs d'autant de manières que les voyageurs ont des goûts différents : mais, c'est un philosophe de cuisine, n'aimant les œufs que durs en salade. Il dit à ses voyageurs : Messieurs, dans mon auberge j'ai proclamé le principe de la liberté des goûts. Vous êtes cinq, et parmi vous les goûts sont différents. Je ne dois voir que des voyageurs, et, comme conséquence de mon principe de la liberté des goûts, je vais vous servir des œufs, non pas comme vous les aimez et comme vous les demandez, mais comme je les aime et comme

(1) *Répertoire de jurisprudence*, vo *Mariage*, no 39.

je les veux : vous les mangerez ainsi, sinon vous vous en passerez.

Nos législateurs du mariage civil ont raisonné et fait comme ce cuisinier.

Voilà maintenant une jeune fille catholique à qui sa foi religieuse enseigne que le mariage est un sacrement et qu'il n'existe qu'autant qu'il est célébré à l'église par la bénédiction du prêtre. Mais ce n'est pas ainsi que la secte philosophique et révolutionnaire entend que les choses se passent : le mariage sera célébré, non pas à l'église, mais à la maison commune, non pas par un prêtre, mais par un laïque, dit officier de l'état civil, que la loi transforme en pontife pour la circonstance et travestit en *célébrant* (1). Après cette contrefaçon du mariage, la loi dit sérieusement à cette jeune fille qu'elle est épouse et qu'elle doit à son mari tous les devoirs du mariage. Vainement la foi religieuse de cette prétendue épouse lui dit qu'elle commet un crime ; la loi, au nom de la liberté des cultes, et comme conséquence de cette liberté, l'oblige à le commettre et à se laisser violer, la première nuit de ce faux mariage. C'est la falsification et

(1) L'article 165 du Code civil dit : Le mariage sera *célébré...* Ce dernier mot, que d'autre textes emploient, était exact dans notre ancien droit ; il est faux et ridicule dans le droit moderne. Le mariage est un contrat purement civil ; or, on dit *faire* un contrat, on ne dit pas *célébrer* un contrat.

l'imposture de la liberté, puisque la loi viole la première de toutes les libertés, la liberté de conscience. La loi du mariage civil, loin d'être une conséquence de la liberté des cultes, en est une audacieuse confiscation ; car la conséquence est fille du principe et, loin de le contredire, elle s'y rattache et s'y unit comme l'effet à la cause.

En 1859, la cour d'Angers a rendu, en matière de mariage civil, un arrêt important auquel nous reviendrons bientôt. Il s'agissait d'un mari qui, après le mariage civil, se refusait à la célébration du mariage religieux. La femme, se fondant sur ce refus du mari, demandait sa séparation de corps. Cette séparation fut prononcée par le motif, notamment, que le refus persistant du mari était injurieux pour la femme et qu'il portait atteinte à sa dignité et à sa liberté de conscience.

« Considérant, dit la cour d'Angers, qu'à l'audience de la Cour, en présence de L... (le mari civil) il a été déclaré en son nom qu'il se refusait formellement et se refuserait toujours à la célébration du mariage religieux réclamé par sa femme ;

» Considérant que, par de telles prétentions,
» L... méconnait les obligations et les devoirs
» que lui impose l'article 214 du Code Napo-
» léon ; qu'il refuse, en y mettant des condi-
» tions inadmissibles, de recevoir sa femme
» au domicile conjugal, et porte en même

» temps *atteinte à sa dignité de femme et à sa*
» *liberté de conscience;* que c'est la placer
» entre la misère, résultant d'un abandon qui
» n'a duré que trop longtemps, et *l'accepta-*
» *tion d'une position pire encore, la cohabita-*
» *tion sans mariage religieux,* que repoussent
» sa conscience et le sentiment de ses devoirs
» comme femme attachée à sa religion... (1). »

Cependant on persiste à soutenir que le
mariage civil est une conséquence du principe
de la liberté des cultes; et au moment même
où nous écrivons ces lignes, nous lisons ce
qui suit dans le journal *le Moniteur universel*
du 30 novembre 1875, sous la signature de
M. Eugène Asse :

»... Pour les chrétiens de toutes les com-
» munions, protestants aussi bien que catho-
» liques, le mariage consiste essentiellement
» dans la célébration religieuse, et cela est
» tellement vrai qu'en Angleterre, c'est le
» ministre seul qui forme le lien entre les
» époux, sans qu'aucune autorité civile y
» intervienne en quoi que ce soit. Mais si
» large que soit la base du mariage religieux,
» elle ne l'était pas cependant assez pour des
» législateurs qui légiféraient, non pas seule-
» ment pour des chrétiens, mais pour tous les

(1) Cet arrêt est rapporté dans Dalloz, année 1859,
2ᵉ partie, page 96.

» habitants de la France, sans acception de
» culte et de religion. Reconnaissant dans le
» mariage le fondement même de la famille
» et des droits civils qui en dérivent, droits
» des époux et des enfants, parfois droits des
» père et mère des époux et même droits des
» tiers, *il leur fallait bien placer dans un con-*
» *trat civil la cause de ces droits civils,* sous
» peine de leur enlever toute solidité et toute
» garantie.

 » Voilà ce qu'a fait le Code civil en rendant
» obligatoire le mariage civil, comme cause
» civile des droits qui en découlent. Et en
» agissant ainsi nous ne croyons pas que les
» législateurs aient plus porté atteinte à la
» liberté de conscience, qu'ils ne l'ont fait en
» soumettant l'hypothèque ou la donation à
» telles ou telles formalités... »

S'il fallait en croire M. Eugène Asse, la loi
du mariage civil aurait été dictée par les principes généraux du droit, tandis que, dans notre
intime conviction, les constituants de 1792, et
les rédacteurs du Code civil ont fait une œuvre
de sectaires, œuvre inspirée par la haine philosophique et révolutionnaire contre l'Église
catholique, dont on a voulu détruire l'influence
au profit de l'État. L'origine du mariage civil,
les trois projets de Code civil présentés par
Cambacérès et les motifs qui les ont accom-
pagnés, les paroles prononcées par Napoléon
à Sainte-Hélène et recueillies par O'Méara, son

médecin, tout cela prouve l'incontestable vérité
de nos appréciations.

A ces raisons, déjà si décisives, nous
croyons devoir ajouter une autorité qui, quelque étrange qu'elle puisse paraître, n'en a pas
moins sa valeur.

On sait que depuis quelques années le prince
de Bismark a entrepris une campagne de
persécution contre l'Église catholique et son
clergé. On sait aussi que le clergé allemand
a été inébranlable dans sa foi et qu'il a
supporté cette épreuve avec une résignation
et une fermeté qui ont excité l'administration du monde, celle des protestants aussi
bien que des catholiques. Rien n'y a fait,
ni les suppressions de traitement, ni les em-
prisonnements, ni les destitutions. Le terrible
chancelier de l'empire allemand a voulu
agrandir la lutte et y ajouter la persécution
par les lois. Et pour cela, chose remarquable!
il a cru n'avoir rien de mieux à faire que d'emprunter à notre législation française l'arme
de son mariage civil et les pénalités édictées
par les articles 199 et 200 de notre Code pénal
contre les ministres du culte qui procéderaient
à la célébration du mariage religieux, sans
qu'il leur eût été justifié d'un acte de mariage
préalablement reçu par l'officier de l'état
civil. Il est curieux, mais triste, d'avoir à
constater qu'un Prussien a compris notre
législation du mariage civil mieux que ne la

comprennent nos jurisconsultes et nos écrivains (1).

Ce qui prouve encore la vérité de nos appréciations sur ce point si important de notre législation civile, c'est l'inexactitude des raisons invoquées par M. Eugène Asse.

L'écrivain du *Moniteur universel* reconnait que pour les chrétiens de toutes les communions, protestants ou catholiques, le mariage consiste essentiellement dans la célébration religieuse; il constate qu'en Angleterre, la célébration des mariages est religieuse et que l'autorité civile n'y intervient pas. On devait s'attendre à ce que M. Eugène Asse conclût de là que nos législateurs auraient dû, par respect pour les croyances religieuses et la liberté des consciences, ne pas imposer le mariage civil à la France. Mais il se dérobe immédiatement à cette conséquence, parceque, dit-il, le mariage religieux n'était pas une base assez large pour des législateurs qui faisaient la loi pour tous les habitants de la France, sans acception de culte et de religion. C'est, en termes différents, la raison qu'invoquait Portalis; nous venons de la combattre; nous n'ajouterons ici que quelques considérations.

Les habitants de la France sont apparemment les Français; apparemment aussi ces

Français sont ces chrétiens de toutes les communions, dont parle M. Eugène Asse, c'est-à-dire des catholiques, des protestants et des israélites, pour qui le mariage consiste essentiellement dans la célébration religieuse. Nos législateurs pouvaient et devaient, par leur loi du mariage, donner satisfaction aux croyances religieuses des millions de Français qui composaient la France. Ils ne l'ont pas fait ; loin de là, ils ont, par leur loi du mariage civil, attenté à la liberté de conscience de la France. Pourquoi cela ? Parce qu'ils appartenaient à cette secte philosophique, à cette infime minorité de libres penseurs et d'athées qui avaient fait la révolution et s'étaient emparés du pouvoir. Aussi préférèrent-ils donner satisfaction à leurs passions philosophiques, à leur haine du catholicisme, à leur désir de ruiner l'influence de l'Église, pour inaugurer un nouvel ordre de choses et se perpétuer au pouvoir. La loi du mariage civil est une œuvre essentiellement révolutionnaire : elle a pour but de révolutionner la France, de changer ses mœurs nationales et de lui faire accepter la Révolution (1). Les législateurs qui procè-

---

(1) Un homme qui n'est pas suspect en cette matière, Voltaire, écrivait, en 1765 : « La France est monarchique avec ses rois et catholique avec le pape. Je le regrette, mais c'est comme cela. » Les lois et la politique révolutionnaires luttent constamment pour faire perdre à la France sa foi monarchique et catholique.

dent ainsi sont des prévaricateurs ; leurs lois sont plus qu'un attentat à la liberté des consciences : elles sont un crime de lèse-nation.

Telle n'est pas l'opinion de M. Eugène Asse. Suivant lui, nos législateurs seraient entièrement innocents des reproches que nous leur adressons. Leur but, en décrétant le mariage civil, aurait été simplement juridique et nullement politique. En effet, dit-il, le mariage est le fondement de la famille ; il est une source de droits civils ; donc, il faut placer dans un contrat civil la cause de ces droits civils sous peine de leur enlever toute solidité et toute garantie.

Ce raisonnement nous confond d'étonnement ; la conclusion en est certainement fausse.

En quoi les révolutionnaires sont fidèles à l'origine de la Révolution et logiques. Ils ont compris qu'il n'y a point de place pour l'application de leur idées chez les nations sincèrement catholiques, tant qu'ils n'auraient pas détruit leur grand obstacle, le catholicisme. D'autre part, nous avons une foule d'hommes politiques qui se disent conservateurs et se croient tels. Mais ils n'ont ni principes religieux, ni principes politiques ; ils ne sont donc pas de vrais conservateurs, car les idées conservatrices sont une conséquence d'un principe. Enfin, nous avons dans notre législation tout un arsenal de lois révolutionnaires qui, depuis environ quatre-vingts ans, battent en brèche notre société française. Le mariage civil est une de ces lois en première ligne. Voilà pourquoi les gouvernements durent si peu en France.

Nos législateurs n'ont pas pu se déterminer
par la raison que M. Eugène Asse invoque,
parceque cette raison n'en est pas une. Le
mariage religieux produit des droits civils, ou,
en d'autres termes, des effets civils, autant et
mieux peut-être que le mariage civil. Il serait
bien singulier que ce qui est plus solennel
produisit moins d'effets que ce qui l'est moins.
Bien plus, pour les chrétiens, pour les catholiques surtout, nous pourrions dire pour tous
les peuples, le mariage est d'institution divine,
et sa célébration est religieuse. Nous comprenons fort bien que le mariage, ainsi sanctifié
par la religion, conformément aux idées et
aux coutumes du genre humain, soit légitime,
car ce qui est légitime, c'est ce qui est conforme à la loi, *legi intimus*, et le mariage,
ainsi célébré, est conforme à deux lois, celle
de Dieu et celle des hommes. Nous comprenons également qu'un tel mariage produise
des droits civils ou des effets civils, et que les
enfants qui naissent d'une telle union soient
légitimes. Nous comprenons moins bien qu'il
en soit ainsi quand le mariage est simplement
civil, quand il n'est pas formé par la célébration religieuse. Alors, en effet, sa légitimité ne
se soutient que par la volonté de la loi; elle
n'a pas d'autre raison d'être que cette volonté.
Plus que le mariage civil, le mariage religieux
est une cause de droits civils; le genre humain
l'a toujours compris ainsi; nos pères ne le

comprenaient pas autrement, et nos anciens légistes n'ont jamais songé à dire, comme M. Eugène Asse, que, puisque le mariage produit des droits civils, il fallait que la cause de ces droits, c'est-à-dire le mariage lui-même, fut renfermée dans un contrat civil.

Avant la Révolution, le mariage était régi, en France, par l'Ordonnance de Blois, du mois de mai 1579, et par divers édits ou déclarations de nos rois. La législation était complète sur cette matière. Ainsi, les curés ou vicaires ne pouvaient célébrer un mariage qu'après trois publications, en présence de témoins, avec le consentement des parents; ils devaient dresser du tout un acte qui devait être fait en double, coté par première et dernière et paraphé par le premier officier de la juridiction; l'un des doubles devait être déposé au greffe de ce siége (1).

C'est cette législation qui a servi de modèle à nos législateurs modernes; ils ne l'ont modifiée qu'en substituant le mariage civil au mariage religieux.

« Il leur fallait (à nos législateurs modernes), » dit M. Eugène Asse, placer dans un con- » trat civil la cause de ces droits civils (que le

_____

(1) La partie finale de ce paragraphe est tirée de la déclaration du 9 avril 1736, œuvre du célèbre chancelier d'Aguesseau. Les articles 41 et 43 du Code civil, sont empruntés à cette déclaration.

» mariage produit), à peine de leur enlever
» toute solidité et toute garantie. »

Ce qui veut dire, si nous comprenons bien
le sens des mots, que le mariage civil, celui
qui a lieu devant l'officier de l'état civil, présente plus de solidité et de garantie pour la
conservation des droits civils que le mariage
religieux. Eh bien! c'est une immense erreur.
La preuve immédiate de cette erreur, c'est
que la loi nouvelle du mariage civil n'a rien
ajouté à l'ancienne législation, en ce qui touche la solidité et la garantie des droits civils
qui résultent du mariage. On ne nous indi-
quera pas une seule innovation sérieuse à cet
égard. Le maire a été substitué au curé pour
la célébration du mariage. Voilà tout; mais
les formalités qui ont pour objet d'assurer la
preuve du mariage et des droits civils qu'il
produit sont restées les mêmes : nos législateurs n'ont fait que reproduire notre ancienne
législation à cet égard ; ils l'ont donc trouvée
suffisante, et ils n'avaient qu'à imposer aux
curés, aux ministres du culte et aux rabbins
les devoirs qu'ils ont imposés à l'officier de
l'état civil et que notre ancienne législation
imposait aux curés.

Il est donc inadmissible que les auteurs du
mariage civil se soient proposé, en l'imposant
à la France, de mieux assurer, dans l'avenir,
la preuve du mariage et des droits civils qui
en dérivent. Les motifs du mariage civil, expo-

sés à diverses reprises, ne disent pas un mot
de ce but chimérique.

C'est qu'en effet, nos législateurs de 1792
et de 1803 étaient, pour la plupart, d'anciens
jurisconsultes, sachant fort bien qu'avant la
Révolution, la tenue des actes de naissances,
mariages et décès par le clergé offrait plus de
« solidité » et de « garantie » que lorsqu'elle
serait confiée à des maires de village ; cela ne
les empêcha pas d'enlever la tenue de ces actes
au clergé et de l'attribuer aux officiers de l'état
civil. Cette question de « solidité » et de « garantie » n'a nullement préoccupé nos législateurs
modernes ; ce qui les a préoccupés, c'est d'or-
ganiser la Révolution par les lois, c'est d'enlever au clergé son influence et de l'attribuer
à l'État. Pour eux, la Révolution était de droit
divin ; ils ont voulu l'imposer à tout prix et ils
lui ont sacrifié le grand principe de la liberté
des consciences. Ce principe, ils l'avaient
d'abord proclamé solennellement pour faire
croire que la Révolution, c'était la liberté ; mais
ils l'ont ensuite confisqué dans la loi du
mariage civil. Voilà pourquoi, quand il s'est
agi de motiver le mariage civil, ils n'ont pu
en donner que des raisons fausses et trom-
peuses.

Le mariage civil, ne craignons pas de le
redire, est une loi essentiellement révolutionnaire ; il est une des principales pièces de
ce système législatif qui a pour but d'abattre

l'Église et le catholicisme et de mettre l'État
à leur place. Ne perdons pas de vue que le
mariage civil est contemporain de la constitution civile du clergé, de l'abolition du culte
catholique en France et de la persécution du
clergé. Vouloir l'expliquer autrement, c'est
entreprendre l'impossible.

Enfin, le mariage est le plus grave et le plus
solennel des contrats; il touche à la foi religieuse et à la conscience intime de l'homme.
M. Eugène Asse l'abaisse au niveau des contrats les plus vulgaires; il reconnaît à nos
législateurs le droit d'en déterminer les formalités, comme s'il s'agissait d'une donation ou
d'une hypothèque, contrats qui ne touchent
qu'à des intérêts matériels. Mais le mariage
touche à la conscience et à la foi religieuse des
peuples, c'est-à-dire à la fibre la plus sensible
de l'homme. L'État est-il maître de la conscience et de la foi religieuse des hommes soumis à ses lois? Non. Quand la religion dit à
un peuple : Le mariage est un acte religieux,
l'État peut-il faire des lois qui disent tout au
contraire : Le mariage est un contrat purement
civil ? Pas davantage. La doctrine que M. Eugène Asse soutient pour défendre le mariage
civil est entièrement gallicane ; elle fut inventée par l'obséquiosité courtisanesque du Parlement de Paris pour annuler le mariage de
Gaston, duc d'Orléans, avec la princesse
Marguerite de Lorraine. C'est elle que Pothier

a enseignée et formulée en disant que le mariage est un contrat civil et que le contrat civil est la matière du sacrement, si bien que, s'il n'existe pas, le sacrement n'existe pas non plus. L'école révolutionnaire a reproduit cette doctrine en disant : « Le droit civil est indépendant des idées religieuses. » Deux raisons suffisent pour démontrer la fausseté de cette maxime tyrannique : 1° l'État n'est pas un théologien, ni un casuiste, ni un grand pontife chargé de gouverner les consciences; 2° les gouvernements et leurs lois sont faits pour les peuples, et non pas les peuples pour les gouvernements et leurs lois. En effet, dans l'ancien régime et avant l'ère révolutionnaire, il était de principe que les lois ont aussi leurs lois, *legum leges*, disait Bacon, le célèbre chancelier d'Angleterre; et chez nous, Montesquieu exprimait la même pensée en disant que les lois sont faites pour les hommes, et non les hommes pour les lois. Mais il paraît que Bacon et Montesquieu étaient des esprits arriérés qui n'entendaient rien aux idées modernes. Le progrès a renversé toutes ces vieilleries et, depuis la déclaration des *Droits de l'homme*, les hommes sont faits pour subir les lois de la Révolution; ils ne doivent pas avoir de conscience.

M. Eugène Asse reconnaît lui-même qu'en Angleterre, c'est le ministre seul qui forme le lien conjugal, sans qu'aucune autorité civile y intervienne ; il se réfute ainsi lui-même d'avance. En effet, on se demande tout de suite pourquoi il n'en serait pas ainsi en France et pourquoi nos lois révolutionnaires ont changé l'ancienne législation française, conforme, sur ce point, à celle de la libérale Angleterre ? Est-ce que les Anglais seraient moins jaloux que nous d'assurer la preuve des mariages et des droits civils qui en résultent ? Et nos pères ! Croit-on qu'ils étaient moins jaloux que les Anglais d'assurer la preuve des mariages ? Ce serait donc pour obtenir ce que l'on avait qu'on aurait sacrifié le grand principe de la liberté des conciences ? En vérité, la chose en valait bien la peine !

La loi du mariage civil ne porte pas atteinte qu'aux consciences catholiques ; elle frappe également les cultes dissidents. A cet égard nous invoquerons une autorité que nous avons eu déjà occasion d'invoquer, c'est celle du prince de Bismark, dans un discours qu'il prononça devant la chambre prussienne, le 15 novembre 1849. Ce personnage, alors simple député, défendait, au nom de la religion protestante, des principes communs à tous ceux qui croient encore à un Dieu créateur et organisateur de la société humaine ; il n'avait pas alors les mêmes motifs qu'aujourd'hui de sacrifier les propres intérêts du protestantisme à la réussite du vaste plan d'attaque qu'il a formé depuis quelques années contre l'Église catholique. Voici les principaux passages de ce remarquable discours :

« Mon devoir est de me prononcer nettement contre le projet ministériel et contre l'amendement Evelt ; car je ne puis y découvrir que l'intention d'introduire insensiblement, de manière à ne pas surexciter l'irritation qu'il rencontre actuellement, le mariage civil. On veut nous faire avaler, morceau par morceau, ce plat où tout est français, et le fond et la forme. Déjà le grand nombre de pétitions qui se sont élevées contre l'article 16, nous indique que cet article n'est qu'une ingérence directe et audacieuse dans la vie privée. Je pense aussi que *vous rendez illusoire l'article 11* (de la Constitution), *qui assure l'entière liberté des confessions religieuses,* quand vous assujettissez les fidèles des Églises chrétiennes, et nommément de l'Église évangélique, à se plier aux exigences de vos dogmes constitutionnels, *avant de les autoriser à recevoir la bénédiction de l'Église, qui seule, à nos yeux, confère au mariage sa validité.* Vous avez accordé aux sociétés religieuses chrétiennes les mêmes droits qu'aux clubs démocratiques ; aujourd'hui c'est beaucoup. Mais cette égalité, vous la détruisez au détriment des sociétés religieuses, quand vous subordonnez l'autorisation de faire l'acte solennel qui jusqu'ici a seul validé le lien matrimonial, et le faites dépendre de l'action juridique d'un secrétaire de village entre les mains duquel une fiancée devra venir déposer le serment de sa fidélité. Sans doute, vous permettez à quiconque s'y sent personnellement obligé, d'aller ensuite se faire marier à l'église. C'est-à-dire que vous daignez permettre à l'Église d'être le porte-queue d'une bureaucratie subalterne, que vous autorisez le prêtre à laisser le couple marié se présenter devant l'autel, *à demander à un citoyen s'il veut ou ne veut pas prendre pour femme celle que la loi lui impose déjà comme telle,* demande à laquelle *il ne peut* LÉGALEMENT *plus donner une réponse négative.* Je ne crois pas que les ecclésiastiques de ce pays se prêtent tous à ravaler à ce point la cérémonie du mariage religieux, cérémonie considérée jusqu'à présent comme un rit sacré et que vous réduisez à n'être plus qu'une simple formalité. Si vous voulez que ce ne soit pas une formalité vaine, force vous est d'obliger, *au nom de la liberté de conscience,* l'Église évangélique à changer son formulaire pour le mariage. Chez nous, le mariage civil se pose comme l'antagoniste du mariage religieux et comme un conquérant en face de la conscience du peuple.

» A quel point vous blessez par là les sentiments et les convictions religieuses du peuple, cela vous est démontré non-seulement par le nombre des pétitions, mais encore par la manière dont elles s'expriment. Cette manière diffère complétement des autres pétitions. Des paroles d'étonnement, d'indignation et de l'exaspération la plus vive, voilà le fond et l'essence de ces pétitions.

» Je ne pense pas que le rôle du législateur puisse être d'ignorer ce que le peuple tient pour sacré. Je pense, au contraire, que lorsque *le législateur* veut instruire et guider le peuple, il *doit tendre à ce que la vie du peuple s'appuie, dans toutes ses relations, sur la base de la foi et les grâces de la religion.* Or, voici que *le gouvernement* rejette comme accessoire, cette base, là où elle existe encore, et *étouffe ainsi le respect de l'Église et des institutions religieuses* dans lesquelles la vie du peuple avait poussé de si profondes racines, et cela dans un temps où les libres penseurs, qui se disent savants, sont parvenus à inculquer aux masses leur indifférentisme pour toute profession de foi positive, à tel point *qu'il ne reste plus entre les passions criminelles et les citoyens paisibles, d'autre rempart que la bayonnette, et que la guerre de tous contre tous n'est déjà plus une fiction.*

» Pour un juif convaincu, le mariage avec une femme chrétienne reste une impossibilité morale; mais si des juifs, qui ne le sont plus que de nom, veulent s'unir par un lien civil à des chrétiennes qui en usurpent le titre, eh bien! qu'on fasse pour eux une exception. *Mais qu'en faveur de quelques renégats, on*

4

veuille imposer une violence inouïe à une popu-
lation qui se compte par millions et qui est restée
fidèle à la foi de ses pères, voilà qui est sur-
prenant.

» Je ne puis trouver aussi la raison pour
laquelle beaucoup, même parmi nous, parlent
au nom de la liberté en faveur de *ce servage,*
sinon dans cette manie de singer l'étranger,
que nous nous reprochons si souvent... On
serait tenté de trouver matière à plaisanterie
dans ce système, *si ce n'était pas notre patrie*
qu'on soumet à ces expérimentations de la
CHARLATANERIE FRANÇAISE.

» Dans la discussion, il a été dit que l'Europe nous croyait un peuple de penseurs. Messieurs, cela fut vrai autrefois. Les assemblées
parlementaires nous ont fait perdre cette
réputation. Elles n'ont fait qu'exhiber à l'Europe désillusionnée des *traducteurs de pape-*
rasses françaises, mais non des hommes qui
pensent par eux-mêmes.

» Si le mariage civil emporte la majorité
des voix, peut-être le peuple sera-t-il enfin
éclairé sur *la duperie dont il est la victime;*
peut-être ouvrira-t-il les yeux quand *tous ses*
antiques droits chrétiens lui auront été enlevés
les uns après les autres : le droit d'être gou-
verné.par les autorités chrétiennes; le droit
de voir *une éducation chrétienne assurée à ses*
enfants dans des écoles dont la visite et l'entretien sont un devoir, une obligation pour les

parents ; le droit de se marier chrétiennement selon la foi de chacun, sans dépendre de cérémonies constitutionnelles...

» Si nous continuons ainsi..., je ne désespère pas de voir encore le navire des fous de notre temps se briser contre le roi de l'Église chrétienne, car la foi en la parole révélée de Dieu est plus ferme et plus vivace encore au cœur du peuple, que sa foi dans la vertu sanctifiante de n'importe quel article de la Constitution (1). »

Nous sommes de l'avis du poëte qui a dit qu'il est permis de profiter des leçons d'un ennemi : *Fas est et ab hoste doceri.* La leçon est dure pour la France, mais aussi elle est bien méritée. La France n'en a point profité : elle avait bien autre chose à faire ! Ne fallait-il pas qu'elle s'occupât à outrance de politique de partis, la plus détestable et la plus pernicieuse de toutes ? Avec quel acerbe mépris M. de Bismark parle de notre loi du mariage civil ! Comme il en fait ressortir les graves inconvénients !

Et cependant, la politique prussienne ayant, depuis quelques années, adopté un système de persécution contre l'Église catholique, ce même M. de Bismark, pour rendre cette per-

---

(1) Ce discours est tiré de la *Deutsche Reichs-Zeitung* de Bonn, du 24 avril 1873, par la *Correspondance de Genève,* n° 60.

sécution plus efficace, a fait comme nos législateurs révolutionnaires ; il leur a emprunté leur loi du mariage civil, à laquelle il avait, en 1849, jeté ses anathèmes (1).

On remarquera que les raisons invoquées par M. Eugène Asse, pour défendre la loi du mariage civil, ne se sont pas même présentées à l'esprit de M. de Bismark ; ce qui a frappé le député prussien, c'est que le mariage civil a un caractère révolutionnaire, c'est qu'il est le servage de la religion et des consciences. Ce qui prouve que ce caractère est bien le véritable, c'est qu'en 1849, les révolutionnaires français, voulant, suivant leur système, propager leurs idées à l'étranger et révolutionner tous les peuples, s'efforçaient de faire adopter la loi du mariage civil par les Chambres prussiennes.

On a invoqué une autre raison pour défendre la loi du mariage civil. On a dit : quand le mariage civil a eu lieu, rien n'empêche les époux de procéder à la célébration religieuse. C'est la raison que donnait Napoléon, pendant sa captivité de Sainte-Hélène.

Interrogez un de nos soi-disant libéraux ou bien un de nos révolutionnaires, et faites-lui remarquer que la loi du mariage civil porte la plus grave atteinte au principe de la liberté des cultes, qu'elle viole la liberté de cons-

(1) Voyez plus loin, chap. VI, § 7.

cience ; il vous répondra avec une entière confiance qu'après le mariage civil, les époux ont la faculté de la célébration religieuse. Il croira que tout est dit et que le mariage civil est justifié de tous les reproches qu'on lui adresse. Il reste pourtant quelque chose à dire.

Il est vrai que le libéralisme de la loi a daigné ne pas interdire la célébration du mariage religieux, après celle du mariage civil. C'est même cette faculté du mariage religieux qui a fait supporter plus facilement par la France l'obligation préalable du mariage civil. Mais ce n'est pas une raison pour affirmer que la faculté du mariage religieux fait disparaître les inconvénients du mariage civil ; loin de là, elle ajoute des inconvénients nouveaux et fait surgir de graves difficultés.

Les mœurs de la France valent plus que ses lois révolutionnaires. Le mariage civil n'est considéré que comme une formalité qui doit précéder la célébration du mariage religieux. Nos paysans disent : Nous nous enregistrons à la mairie, mais nous ne nous marions qu'à l'église. Le mariage civil sans accompagnement du mariage religieux est un fait plus rare encore qu'un enterrement civil. On ne voit guère des cas de mariage civil seul que de la part de certains hommes qui se croient de grands personnages parce qu'ils ont fait du bruit dans les journaux par leurs opinions extrêmes. Pour obtenir des voix qui les en-

voient à la Chambre des députés ou au Sénat,
ou bien encore pour conserver la situation politique qu'ils ont ainsi acquise, ces hommes-là
se croient obligés de se conformer aux idées
du parti qui, par ses suffrages, les a fait ce
qu'ils sont et sans lequel ils n'auraient jamais
été rien. Ce sont des libres penseurs qui
épousent une libre penseuse; celle-ci n'est
pas trompée dans son attente du mariage religieux; elle n'a donc pas à se plaindre. Mais
c'est une jeune fille chrétienne qui se marie;
elle a dû compter qu'après le mariage civil, la
célébration du mariage religieux aurait lieu,
soit parce que, suivant sa foi religieuse, le
mariage n'existe que par la bénédiction du
prêtre, soit enfin parce que cela se pratique
toujours ainsi. Cependant, après le mariage
civil, son mari se refuse à la célébration du
mariage religieux et prétend traîner sa femme
dans le lit conjugal, la première nuit de ce
prétendu mariage. Le cas est possible; car
nous allons voir qu'il s'est présenté devant les
tribunaux. La femme a-t-elle le droit de ré-
sister à cette prétention tant que la célébration
du mariage religieux n'aura pas eu lieu?

Il y a peu de questions aussi controversées
que celle-là. Quatre systèmes se sont produits
dans la doctrine et la jurisprudence : nous
allons les examiner l'un après l'autre.

Premier système. — Il a été soutenu en 1846,
par M. Bressolles, professeur à la faculté de

droit de Toulouse (1). Le mariage civil est nul, quand l'un des époux se refuse à la célébration religieuse, alors que cette dernière solennité devait être considérée comme étant dans la volonté expresse ou tacite, mais non douteuse des époux. Par exemple, lorsque les futurs époux ont convenu dans leur contrat de mariage, passé devant notaire, que leur union serait célébrée devant l'église par la bénédiction du prêtre, il y a volonté expresse à cet égard (2). Alors l'époux trompé (c'est ordinairement la femme) pourrait se prévaloir du refus de son conjoint comme d'une cause d'erreur sur la personne : « l'époux hypocrite, dit M. Bressolles, n'est plus le même que la femme a voulu épouser. »

(1) Dans la *Revue critique de législation*, année 1846, t. II, p. 149.

(2) Pour les lecteurs qui ne sont pas légistes, nous devons dire qu'il ne faut pas confondre *l'acte de mariage* avec *le contrat de mariage*. L'acte de mariage constate que le mariage a eu lieu devant l'officier de l'état civil ; c'est un acte de l'état civil, rédigé par le maire ou par l'officier municipal qui le remplace. Le contrat de mariage est un acte passé devant notaire, avant le mariage, par lequel les futurs époux règlent le sort de leurs biens et le régime matrimonial auquel ils les soumettent. Autrefois les contrats de mariage portaient promesse des futurs époux de célébrer le mariage *suivant les formalités de la sainte Église catholique*. Cette clause est tombée peu à peu en désuétude sous le gouvernement de 1830 ; les notaires ont cru à tort qu'elle était inutile.

A l'époque où le savant professeur toulousain soutenait cette opinion, la doctrine et la jurisprudence n'étaient pas fixées sur l'interprétation de l'article 180, § 2, du Code civil, qui permet de faire annuler le mariage pour cause *d'erreur dans la personne*. On se demandait si cet article s'appliquait non-seulement à l'erreur sur la personne physique, c'est-à-dire sur l'identité de la personne, mais encore à l'erreur sur la personne morale, c'est-à-dire sur les qualités de la personne. Mais par un arrêt solennel, rendu le 21 avril 1862 par les Chambres réunies, la Cour de cassation a décidé avec raison que le mariage ne peut être annulé pour cause d'erreur, que lorsque cette erreur porte sur l'identité de la personne et non sur ses qualités (1). Où s'arrêterait-on s'il était permis à l'un des époux de faire annuler le mariage pour cause d'erreur sur les qualités de son conjoint? Le mari, dit M. Bressolles, qui se refuse à la célébration du mariage religieux, est un hypocrite; donc ce n'est plus le même que la femme a voulu épouser. Mais combien de maris ne pourraient-ils pas dire : Je croyais et je voulais épouser une femme noble, elle est roturière ; chaste, elle est impudique ; bien élevée, elle est grossière : ce n'est pas celle

_____

(1) Cet arrêt est rapporté dans Dalloz, année 1862, 1re partie, page 53.

que j'ai voulu épouser; donc le mariage est nul. Avec ce système là, combien y a-t-il de mariages qui pourraient tenir?

L'arrêt de la Cour de cassation est la condamnation ponctuelle de l'opinion de M. Bressolles; il est même beaucoup plus. En effet, la Cour de cassation a dit dans les motifs de son arrêt, et elle a eu raison de dire « que l'er-
» reur dans la personne, dont les articles 146
» et 180 du Code civil ont fait une cause de
» nullité du mariage, ne s'entend, *sous la*
» *nouvelle comme sous l'ancienne législation,*
» que d'une erreur portant sur la personne
» elle-même. » Et pourquoi notre ancienne législation se montrait-elle si difficile, quand il s'agissait d'annuler un mariage pour cause d'erreur? Parce qu'elle considérait le mariage, conformément aux doctrines canoniques, comme un contrat divin et un sacrement qui ne devait être annulé que pour des causes **extrêmement graves.**

Pothier s'en explique de manière à ne laisser aucun doute à cet égard. « Il est évident,
» dit-il, que l'erreur de l'une des parties sur
» la personne même qu'elle se propose d'épou-
» ser détruit son consentement. Par exemple,
» si, me proposant d'épouser Marie et croyant
» contracter avec Marie et épouser Marie, je
» promets la foi de mariage à Jeanne, qui se
» fait passer pour Marie, il est évident qu'il
» n'y a pas de consentement, et que le mariage

4*

» que j'ai contracté avec Jeanne, que je pre-
» nais pour Marie, est nul...; car il est de
» l'essence du mariage qu'il y ait un homme
» et une femme qui veuillent l'un et l'autre
» s'épouser... Lorsque l'erreur ne tombe que
» sur quelque qualité de la personne, cette
» erreur ne détruit pas le consentement néces-
» saire pour le mariage et n'empêche pas,
» par conséquent, le mariage d'être valable.
» Par exemple, si j'ai épousé Marie la croyant
» noble quoiqu'elle soit de la plus basse na-
» ture..., le mariage ayant été une fois con-
» tracté avec mon consentement, *son caractère*
» *d'indissolubilité* rend le consentement que j'y
» ai donné irrétractable et non sujet à resci-
» sion (1). »

Remarquez ces mots : *son caractère d'indissolubilité*. Quel est donc le mariage qui est
marqué de ce caractère d'indissolubilité? C'est
le mariage chrétien, le mariage catholique, le
mariage qui est un sacrement.

De là résulte une contradiction inaperçue
jusqu'ici, mais manifeste, entre les articles
75 et 165 du Code civil et l'article 180, § 2, du
même Code. Là le mariage est un contrat
purement civil, ici il est un sacrement indissoluble.

M. Bressolles n'a pas été bien inspiré en
réduisant la difficulté à une question d'erreur

(1) *Du Mariage*, n°s 309 et 310.

sur la personne ; il s'est ainsi renfermé dans l'article 180, § 2, qui lui a opposé un obstacle invincible. Il fallait élargir la question et dire : Puisque le Code civil rabaisse le mariage au niveau des contrats les plus vulgaires, il faut appliquer à la question les règles du droit commun, c'est-à-dire, des contrats ordinaires. Or, l'article 1160 du Code civil, conforme au droit romain, dit : « On doit suppléer dans le con- » trat les clauses qui y sont d'usage dans le » pays où le contrat est passé. » Il est d'usage, on ne peut en disconvenir, que la femme catholique se marie à l'église. Nos paysans, nous le répétons, disent avec leur gros bon sens : Nous sommes enregistrés à la mairie, mais nous ne sommes mariés qu'à l'église. On ne fera croire à personne que cette femme ait voulu tout à coup démentir son passé religieux et faire un acte de libre penseuse dans le contrat le plus grave et le plus solennel de la vie. Donc, pour elle, le mariage religieux est le complément nécessaire du mariage civil et jusque-là elle n'est pas mariée. On peut fortifier ce raisonnement en argumentant de la loi du 8 mai 1816 qui abolit le divorce, parceque le mariage est indissoluble. Or, le mariage qui est indissoluble, c'est le mariage religieux, et surtout le mariage catholique, le mariage-sacrement. La loi du 8 mai 1816 suppose donc, en tenant compte des habitudes nationales, que le mariage civil est suivi du mariage

religieux, Par conséquent, la jeune femme a
dû compter sur la célébration religieuse, puisque la loi elle-même y compte, et si cette
célébration n'a pas lieu, le mariage n'est pas
accompli (1).

Nous adhérons donc à l'opinion de M. Bressolles, mais par des raisons tout autres que
les siennes.

Deuxième système. — Il a été émis par
M. Marcadé et ne diffère pas beaucoup de
celui de M. Bressolles.

M. Marcadé, partant de l'idée que le mariage
est un contrat purement civil, lui applique
les règles ordinaires du droit civil en matière
d'erreur. En conséquence, il y a, de la part
de l'un des conjoints, erreur sur une qualité
essentielle de l'autre conjoint, par cela seul
que celui-ci se refuse à la célébration religieuse
du mariage, et cette erreur rend le mariage
annulable.

Ce deuxième système a le même défaut que
celui de M. Bressolles : en se plaçant sur le
terrain de l'erreur, il va se heurter contre
l'article 180, § 2, du Code civil, tel que les
chambres réunies de la Cour de cassation l'ont
interprété par l'arrêt précité. Cet article est
spécial au mariage et n'admet, comme nous
venons de le voir, la nullité ou l'annulabilité
du mariage pour cause d'erreur que lorsque

(1) Voir ci-après note sur la loi de 1816

cette erreur tombe sur la personne physique de l'un des conjoints. Dès lors, quoique le mariage soit, suivant nos lois modernes, un contrat purement civil, on ne peut pas lui appliquer les règles qui régissent l'erreur dans les contrats ordinaires. Ainsi, l'article 1110 ne peut pas être invoqué en matière de mariage.

Troisième système. — C'est celui qui a été soutenu, en 1846, par M. Thierriet, professeur à la faculté de droit de Strasbourg (1). .

Dans ce système, l'époux à qui son conjoint refuse la célébration du mariage religieux, ne peut pas pour cela faire annuler le mariage civil. Quand c'est à la femme que la célébration religieuse est refusée, tout son droit se réduit à se refuser elle-même à la cohabitation avec son mari. Cette femme n'a pas même la ressource de la séparation de corps ; si elle peut se refuser à cohabiter avec son mari, c'est parce que celui-ci ne peut pas, suivant l'opinion de M. Thierriet, la contraindre par l'emploi de la force publique, *manu militari*, à venir habiter avec lui.

Ce troisième système est encore plus défectueux que les deux premiers. Il conseille la violation formelle de la loi et il viole ouvertement l'article 214 du Code civil. Il ne faut pas

(1) Dans la *Revue critique de législation*, année 1846, t. III, p. 361.

se faire illusion : la loi du mariage civil est essentiellement révolutionnaire et athée, dans un but que nous venons d'indiquer; loin d'être une conséquence du principe de la liberté des cultes, elle immole la liberté de conscience et la foi religieuse. Le mariage civil, dès qu'il a eu lieu, produit tous ses effets civils : la femme est épouse et doit la cohabitation à son mari (art. 214 du Code civil).

Quatrième système. — C'est M. Demolombe, professeur et doyen de la faculté de droit de Caen, qui l'a inventé. L'invention n'est pas heureuse; elle consiste à voir, dans le refus de l'un des conjoints de procéder à la célébration religieuse du mariage, une injure grave faite à l'autre conjoint qui veut cette célébration : et, comme les époux peuvent demander là séparation de corps pour injures graves de l'un envers l'autre (art. 231 et 306 du Code civil), M. Demolombe autorise l'époux qui veut la célébration du mariage religieux à demander la séparation de corps contre son conjoint qui se refuse à cette célébration.

Ce quatrième système n'est qu'un grand effort d'interprétation pour redresser une mauvaise loi. Il a été appliqué par un arrêt de la cour d'Angers, du 29 janvier 1859 (1).

Comment M. Demolombe et la Cour d'Angers ont-ils pu voir dans le refus d'un conjoint

(1) Rapporté dans Dalloz, année 1860, 2e partie, p. 96.

de procéder à la célébration religieuse du mariage une injure grave contre l'autre conjoint qui veut cette célébration? Cette injure grave, ce n'est pas le conjoint récalcitrant qui l'inflige à son conjoint, c'est la loi elle-même. Nous l'avons dit : la loi, en imposant le mariage civil à la France, a voulu lui faire subir la philosophie du dix-huitième siècle et l'athéisme révolutionnaire; elle a voulu aussi frapper l'Église, atteindre la religion catholique, afin de révolutionner les consciences et de leur faire accepter le gouvernement de la Révolution. La loi du mariage civil ne connaît ni religion, ni mariage religieux, ni conscience; il ne peut pas y avoir d'injure dans le fait d'un conjoint qui se conforme aux idées, au texte et au but de la loi. Le droit romain, qu'on a si justement appelé la raison écrite, nous dit que celui qui use de son droit ne fait de tort, ni d'injure à personne : *Non injuriam facit qui jure suo utitur*. C'est là une règle de bon sens et de droit naturel, vraie en droit français comme en droit romain. N'est-il pas absurde que l'on puisse se faire un droit contre quelqu'un à raison d'un fait qui est conforme à la loi et qui, par conséquent, n'est que l'exercice d'un droit?

L'arrêt d'Angers a éludé la loi du mariage civil et l'a infirmée par une autre loi. En lisant les motifs de cet arrêt, on sent que la conscience des magistrats proteste contre la tyrannie de la loi qui impose à la France le mariage civil.

Au surplus, M. Sauzet, dans une brochure publiée en 1853, avait condamné d'avance la doctrine de l'arrêt d'Angers, en ces termes :

« La loi qui réduit le mariage à un contrat » efface Dieu et sacrifie les consciences... » Après les paroles de l'officier de l'état civil, » le mariage est tenu pour consacré, et si la » jeune et timide vierge attend une autre » sanction pour cet irrévocable changement » de sa destinée..., on pourra se rire impuné- » ment de ses scrupules... Pour autoriser la » séparation, il faudrait trouver des magis- » trats qui voulussent méconnaître leurs de- » voirs de juges et n'obéir qu'à leurs cons- » ciences d'hommes, en mettant les mœurs » au-dessus des lois (1). »

Pour nous, nous n'approuvons aucun des quatre systèmes que nous venons de passer en revue. Les deux premiers heurtent de front l'article 180, § 2, du Code civil, tel que l'ont interprété les chambres réunies de la Cour de cassation. Néanmoins, le premier de ces sys- tèmes se soutient fort bien ; mais pour cela il faut se placer sur le terrain de l'article 1160 du Code civil et de la loi du 8 mai 1816. Les deux derniers nient les effets du mariage

_____

(1) *Réflexions sur le mariage civil et le mariage re- ligieux.*

civil, savoir, le troisième en autorisant la
femme à refuser la cohabitation au mari, et
le quatrième en permettant la séparation de
corps à des époux qui sont à peine unis. Ces
deux derniers systèmes violent l'article 214 du
Code civil, comme les deux premiers violent
l'article 180, § 2, du même Code ; ils ont un
défaut de plus : c'est de conduire à des conséquences contraires à l'intérêt social. En effet,
voilà un homme et une femme qui étaient
nés pour le mariage, puisqu'ils se sont mariés
civilement ; ils ont dû commencer par le mariage civil, parce que la loi défend, sous
peine d'amende, au ministre du culte, de procéder à la célébration religieuse du mariage,
tant qu'il ne lui est pas justifié d'un acte de
mariage préalablement reçu par les officiers
de l'état civil (art. 199 et 200 du Code pénal).
La loi, ne tenant aucun compte des croyances
religieuses, a ordonné que le mariage civil
produirait tous les effets du mariage religieux, et elle a eu soin de les énumérer dans
les articles 212, 213 et 214 du Code civil.
Mais ces effets du mariage civil et la loi qui
les impose peuvent rencontrer une résistance
invincible de la part de l'un des époux. C'est
la femme, par exemple, à qui sa foi religieuse
enseigne que le mariage n'existe que par la
célébration religieuse ; jusque-là, cette femme,
qu'elle soit catholique, protestante ou juive,
n'est point épouse et sa religion lui défend

de cohabiter avec son mari civil. Si donc elle se refuse à la cohabitation, en fait et malgré les prescriptions de la loi, ou si elle fait prononcer sa séparation de corps, suivant la doctrine de M. Demolombe et la jurisprudence de la Cour d'Angers, le mariage n'est pas consommé et reste stérile. Les deux conjoints ne peuvent pas se marier : ils ne peuvent que procéder à la célébration religieuse de leur mariage civil, s'ils sont d'accord à cet égard.

Cependant le mariage a pour objet de perpétuer l'espèce humaine, et sous ce rapport, il est de droit naturel. Avant le christianisme, les lois se préoccupaient surtout de la procréation des enfants légitimes. Le droit chrétien a pu, par des raisons propres au christianisme, se contenter de favoriser les mariages. Mais nos lois modernes, en imposant le mariage civil en haine du catholicisme et dans un but d'athéisme révolutionnaire, ont profondément modifié cet état de choses ; elles nous ont placés dans une situation inférieure à celle qui résultait des anciennes législations païennes ; car, outre qu'elles éloignent du mariage en exigeant, par le mariage civil, un acte d'abjuration de la foi catholique, elles rendent les mariages inutiles et inféconds quand le mari se refuse à la célébration religieuse et la femme à la cohabitation jusqu'à ce que cette célébration ait eu lieu. Alors le système de M. Thierriet et celui de M. Demolombe, suivi par l'arrêt d'Angers, viennent aggraver les inconvénients de la situation en validant ces prétendus mariages. Aussi constaterons-nous bientôt que la population diminue en France. Le mariage civil, c'est le mariage d'un libre penseur avec une libre penseuse.

Ce résultat n'est pas moins contraire aux intérêts particuliers de la femme qu'à ceux de la société en général. En effet, la femme est coupable de ne pas être une libre penseuse, de ne pas se contenter du mariage civil et d'être fidèle à sa foi religieuse. De là les deux conséquences suivantes : 1° cette femme était née pour être épouse et mère de famille, mais elle ne sera ni l'un ni l'autre ; 2° son mari civil aura la jouissance et l'administration de ses biens, sans être tenu de lui payer une pension alimentaire. Ce dernier point a été consacré par un arrêt de la Cour de Montpellier, du 4 mai 1847. Dans cette espèce, le sieur Roques se refusait à la célébration religieuse de son mariage civil avec Marguerite Juéry et celle-ci à la cohabitation, tant que cette célébration n'aurait pas eu lieu.

Les jurisconsultes qui conseillaient Marguerite Juéry ne firent pas la découverte que fit bientôt M. Demolombe ; ils ne virent pas qu'un mari, en se conformant strictement à la loi du mariage civil, fait à sa femme un injure grave

pouvant donner lieu à la séparation de corps ; ils conseillèrent donc à cette femme, non pas une demande en séparation de corps, mais une demande en paiement d'une pension alimentaire contre son mari jouissant et administrateur de ses biens. C'est cette demande qui fut rejetée par l'arrêt de Montpellier. La Cour dit « que le mariage est, en droit, un pur
» contrat civil, lequel existe complétement
» dès que la célébration devant l'officier de
» l'état civil a eu lieu ; les parties peuvent
» ensuite faire célébrer leur mariage reli-
» gieusement, selon tel rite religieux et devant
» tel ministre du culte que bon leur semble,
» mais cette célébration religieuse a lieu tout
» à fait en dehors de la loi civile qui ne s'en
» est point occupée et qui n'accorde point
» d'action aux parties pour se contraindre
» réciproquement à y procéder (1)... »

Cet arrêt a été désapprouvé par M. Duverger, professeur de droit civil à la faculté de Paris, dans une controverse qu'il a soutenue, en 1867, contre son collègue, M. Batbie, professeur à la même faculté (2). M. Du-

---

(1) Cet arrêt est rapporté dans le *Recueil d'arrêts* de MM. Devilleneuve et Carette, année 1847, 2e partie, page 418.

(2) On trouve cette controverse dans la *Revue critique de législation*, année 1867. — Un autre professeur de la faculté de Paris, M. Glasson, a donné son approbation à la doctrine de M. Duverger et à l'arrêt

verger affirme, avec une confiance qui nous étonne, que « l'arrêt de la Cour de Montpellier ne fera pas jurisprudence. » Nous affirmons, au contraire, que l'arrêt de Montpellier est strictement conforme à la loi du mariage civil et que ses motifs défient toutes les critiques.

L'application sincère d'une loi donne la juste mesure de sa valeur. Il en est des lois comme de l'arbre dont parle l'Évangile : on les juge par leurs fruits. Or, les fruits produits par l'arbre du mariage civil sont pleins d'injustice, de tyrannie et d'amertume; voilà pourquoi nous demandons, au nom de la vraie liberté, que ce mauvais arbre soit arraché de notre législation.

En effet, la loi du mariage civil, on ne saurait trop le rappeler, immole les droits de la conscience et sacrifie la foi religieuse à l'athéisme révolutionnaire. C'est une loi de force, ce n'est pas une loi de droit; elle met les consciences à la torture et leur fait subir le martyre du mariage civil; elle ne recule devant rien pour atteindre la souveraineté de son but; ce but, c'est de détruire la foi religieuse, d'effacer les consciences, de dégrader les esprits et les cœurs, afin de les convertir à la Révolu-

d'Angers; il croit que la jurisprudence est fixée sur cette question (*Revue de législation française et étrangère,* année 1875, p. 332).

tion et de leur faire accepter son gouvernement. En conséquence, la femme qui, en attendant la célébration religieuse du mariage, se refuse à la cohabitation, ne remplit pas les devoirs que la loi du mariage civil lui impose envers son mari ; elle n'est donc pas fondée à exiger que celui-ci remplisse les siens envers elle et lui paye une pension alimentaire ; sa place, ses aliments, son entretien, sont dans la maison de son mari ; la cohabitation lui donnera tout cela. Elle se refuse à cette cohabitation en invoquant les droits de sa conscience religieuse ; mais elle oublie qu'elle est dominée par la loi du mariage civil, loi atrocement révolutionnaire qui ne veut pas qu'elle ait de la conscience et qui ne s'en est occupée que pour la sacrifier. Si la femme ne se résigne pas à ce sacrifice, elle doit se résigner au supplice de la faim. Sans doute, le mari libre penseur qui s'arme de la loi du mariage civil pour réduire une femme de cœur à cette douloureuse extrémité, est un misérable et un lâche ; mais c'est un libre penseur, un adepte des principes révolutionnaires ; tous les droits sont donc pour lui et la loi favorise sa lâcheté.

Les magistats ont le devoir d'appliquer les lois telles qu'elles sont, non pas telles qu'elles devraient être et qu'ils les désireraient ; la loi du mariage civil, ainsi appliquée, dit elle-même ce qu'elle est et ce qu'elle vaut.

Et cependant elle trouve des défenseurs

obstinés qui affirment que la faculté du mariage religieux donne satisfaction à la conscience de la femme. L'arrêt d'Angers et celui de Montpellier donnent un éclatant démenti à cette malheureuse affirmation.

De cette faculté du mariage religieux il n'a jamais été dit un seul mot dans les motifs invoqués par nos législateurs en faveur du mariage civil. On peut même affirmer qu'elle ne s'est pas présentée à leur esprit et que, dans tous les cas, ils n'en ont tenu aucun compte. Ce qui le prouve, c'est qu'ils ont ordonné que le mariage civil produirait immédiatement tous les effets ordinaires du mariage religieux et notamment pour la femme, le devoir de cohabitation avec son mari (article 214 du Code civil). S'il était vrai que les auteurs de la loi du mariage civil eussent voulu faire quelque cas de la faculté du mariage religieux, s'il était vrai, comme on l'affirme, qu'ils eussent décrété le mariage civil pour faire mieux constater les droits et les effets produits par le mariage, s'il était vrai, enfin, qu'ils eussent voulu respecter les croyances et les mœurs de la France, ils auraient tempéré la rigueur de leur loi par une disposition conçue à peu près en ces termes : « Néanmoins le mariage civil » ne produira ses effets que du jour de la célé- » bration religieuse, lorsque les parties, inter- » rogées à cet égard par l'officier de l'état civil, » auront déclaré qu'elles entendent que leur

» mariage soit célébré religieusement. » Mais
la loi, ainsi faite, aurait soulevé les protestations du parti révolutionnaire; elle aurait eu
un caractère libéral, et le parti de la Révolution ne peut pas, sans abdiquer, donner la
liberté, parce que la France n'est pas révolutionnaire. Une telle loi d'ailleurs n'aurait pas
atteint le but d'oppression et de proscription
que l'on se proposait ; elle n'aurait pas tendu
à détruire l'Église et le catholicisme au profit
de la Révolution.

Il n'est pas admissible que nos législateurs
se soient préoccupés en rien de la faculté du
mariage religieux. L'article 214 du Code civil,
rapproché des arrêts d'Angers et de Montpellier, que nous venons de rapporter, en est une
preuve manifeste pour la femme. D'autre part,
l'article 314 du même Code en est une preuve
non moins évidente pour le mari, mais dans
un ordre d'idées bien différent ; il conduit à
une injustice criante contre le mari, parce que
la loi ne tient aucun compte du mariage religieux. Pour bien comprendre ceci, quelques
explications sont nécessaires.

Dans les villes, le mariage civil est presque
toujours suivi de très-près par le mariage religieux : c'est en sortant de la mairie qu'on se
rend à l'église, ou bien, le mariage civil ayant
eu lieu le soir, le mariage religieux a lieu le
lendemain matin. Mais dans les campagnes,
il y a presque toujours un intervalle plus ou

moins considérable entre le mariage civil et le mariage religieux. Après le mariage civil qui passe inaperçu, la jeune femme continue de rester chez ses parents comme si elle était encore fille, et son mari ne la fréquente pas autrement que lorsqu'elle n'était encore que sa fiancée. Mais arrive le jour du mariage religieux; ce sont les noces, c'est la fête : les parents et amis des deux familles y sont invités. Le soir venu, la mariée est conduite par la noce dans la maison de son mari, qui est désormais la sienne. C'est la cohabitation, c'est aussi l'exercice effectif de la puissance maritale. Le mariage est consommé.

Ceci dit, les articles 312, 313 et 314 du Code civil sont fondés sur une présomption empruntée aux règles de la nature elle-même : c'est que la plus courte grossesse dure au moins cent-quatre vingts jours ou six mois, et que la plus longue ne dure pas plus de trois cents jours ou dix mois. Il est donc certain que l'enfant né moins de cent quatre-vingts jours après le mariage était conçu avant le mariage; et de là aussi l'article 314 qui autorise le mari à désavouer cet enfant, excepté dans les deux cas prévus par ce même article. *L'enfant né avant le cent quatre-vingtième jour du mariage*, dit cet article 314. Mais quel mariage? quand il y en a, pour ainsi dire, deux. Est-ce le mariage civil, ou bien le mariage religieux? C'est incontestablement le mariage civil; la loi ne reconnaît pas le mariage religieux et ne s'en occupe pas. D'autre part, l'article 314 est en parfaite harmonie avec l'article 214 qui veut que le mariage civil soit immédiatement suivi de la cohabitation de la femme. Or, il peut arriver que l'enfant soit né plus de cent-quatre-vingts jours après le mariage civil, mais moins de cent-quatre-vingts jours après le mariage religieux. Le mari ne pourra pas le désavouer, parce que, nous le répétons, la loi ne considère que le mariage civil et exige qu'il soit immédiatement suivi de la cohabitation de la femme. C'est une injustice manifeste contre le mari.

La célébration du mariage religieux prouve que jusque là les époux ne se sont pas considérés comme tels, et les faits sont d'accord avec cette manière de voir. Ainsi, jusqu'au mariage religieux, la femme ne cohabite pas avec son mari; elle reste dans sa famille, comme si elle était encore fille; elle ne porte pas le nom de son mari, ses parents, ses amis, le public, ne lui donnent pas ce nom. Dans l'espèce jugée par l'arrêt de la Cour de Montpellier, que nous venons de rapporter, Marguerite Juéry, mariée civilement depuis plus de trente ans, n'avait jamais porté le nom de son mari et le public ne le lui avait jamais donné.

De là résulte un inconvénient de plus auquel

donne lieu le mariage civil ; car le mariage rend la femme incapable de contracter sans l'autorisation de son mari, incapable aussi d'ester en jugement, c'est-à-dire de figurer dans un procès civil sans l'assistance et l'autorisation de son mari (art. 215, 216, 217 et 1124 du Code civil). Pourquoi cela ? Parceque la femme, par le mariage, est placée sous la puissance de son mari, ce qui comprend le devoir de cohabitation, de fidélité, de soumission et d'obéissance à son mari. Et de là une autre conséquence qui est encore un des effets du mariage, c'est que l'enfant de la femme mariée est présumé avoir pour père le mari. C'est ce que dit l'article 312, § 1, du Code civil, qui reproduit la célèbre règle du droit romain : *Pater is est quem nuptiœ demonstrant.* Mais remarquons-le bien, cette présomption de la paternité a son fondement dans la puissance du mari sur la personne de la femme, dans le devoir de cohabitation, de fidélité et de soumission de la femme au mari (1). Or, sans la cohabitation de la femme,

---

(1) Aujourd'hui toute puissance, toute autorité est contestée, parcequ'on ne reconnaît plus les lois de Dieu, fondement de celles des hommes. Il existe un parti qui prêche l'indépendance des femmes et qui a ses journaux, notamment *le Droit des femmes.* Les apôtres de ces folles doctrines ont-ils réfléchi que, si la femme est indépendante, la présomption de paternité du mari n'a plus sa raison d'être et qu'elle doit tomber forcément?

la puissance maritale ne peut être effective ;
le mari, n'ayant pas la femme sous sa main,
ne peut pas la surveiller : il ne peut pas lui

Alors tous les enfants sont des bâtards; la famille, la
transmission héréditaire des biens est abolie; les patrimoines entrent dans la banque du socialisme.

On lit dans la Genèse qu'après la désobéissance de la
femme, Dieu lui dit : Tu seras sous la puissance de
l'homme et il te dominera : *Eris in potestate viri et
ipse dominabitur tibi.* Il semble que tous les peuples se
soient entendus pour l'exécution de cette condamnation.
Partout l'histoire nous montre cette idée accréditée chez
tous les peuples, que l'homme est supérieur à la femme
et qu'il doit la gouverner. Chez les Romains, les femmes
étaient en tutelle perpétuelle, comme chez les Germains.
Caton, défendant la loi Oppia contre le tribun Valerius,
reprochait aux matrones romaines de ne plus s'abstenir du *forum* ni des réunions d'hommes : *Et jam vix
foro se et concione abstinent.*

Le christianisme a pu sans aucun danger proclamer
la liberté de l'homme et de la femme, parce que, en
même temps il a nettement tracé leurs devoirs : *Vos in
libertatem vocati estis*, a dit saint Paul.

Les femmes qui répudient le christianisme, sont des
insensées qui déchirent la charte de leur affranchisse-
ment.

Ces idées d'élévation de la femme à la hauteur de
l'homme ont cours même en Angleterre, et tout récemment (avril 1876), la Chambre des Communes a discuté
un projet de loi sur *le vote des femmes.* Un orateur,
M. Leatham, a dit que, d'après la loi divine, la femme
a été créée pour les soins de la famille, tandis que
l'homme est fait pour supporter les lourds travaux et
les fatigues du gouvernement. Le projet de loi a été
rejeté par 239 voix contre 152.

interdire efficacement de recevoir ou de fré-
quenter telles personnes, d'aller dans tels
lieux. Donc, en pareil cas, la présomption de
paternité du mari n'a pas sa raison d'être; car,
elle est un effet de la cohabitation de la femme,
une conséquence de la puissance et de la sur-
veillance du mari sur sa personne.

La loi, en ne s'attachant qu'au mariage
civil, force la vérité des choses, méconnaît les
habitudes nationales et porte une grave atteinte aux intérêts de la femme et à ceux du
mari.

A ceux qui invoquent la faculté du mariage
religieux pour justifier la loi du mariage civil,
nous venons de répondre qu'il n'avait pas été
dit un seul mot de cette faculté, ni dans les
motifs de la loi de 1792, ni dans ceux des trois
projets du Code civil préparés par Cambacérès,
ni enfin dans ceux de notre Code civil. Nous
ajoutons que si nos législateurs modernes
avaient tenu compte de la faculté du mariage
religieux pour tempérer la rigueur du mariage
civil, le bon sens et la justice exigeaient qu'ils
établissent la présomption de la paternité du
mari à compter du mariage religieux et non
pas du mariage civil, toutes les fois que le
mariage civil aurait été suivi de la célébration
religieuse; car il était facile de comprendre
que le mariage civil, quand il serait suivi de
la célébration religieuse, ne produirait pas
jusque là les effets ordinaires du mariage et

4***

notamment la cohabitation de la femme, la puissance effective du mari, etc... On né pouvait pas ignorer que le mariage civil choquait les croyances religieuses de la France, celles des protestants et des israélites aussi bien que celles des catholiques ; et alors, avec un peu de bonne volonté, on devait décider que, lorsque les parties, interrogées à cet égard, par l'officier public, auraient déclaré vouloir la célébration religieuse, le mariage civil resterait sans effet jusqu'à ce qu'elle eut lieu. On aurait même beaucoup mieux fait de déclarer que le mariage aurait lieu, soit devant l'officier civil, pour les libres penseurs, soit, pour les personnes de religion, devant le prêtre catholique, le ministre protestant ou le rabbin, et que la loi accorderait tous les effets civils au mariage ainsi célébré.

Mais la loi ainsi faite eût été une loi de liberté, une loi faite pour la France, et nos législateurs ne pouvaient le faire que pour eux-mêmes, pour leur secte philosophique, pour le parti révolutionnaire auquel ils appartenaient ; il leur fallait faire la loi du mariage civil telle qu'elle est pour combattre l'Église et se maintenir au pouvoir avec et par la Révolution. Vouloir expliquer le mariage civil par d'autres raisons, c'est entreprendre l'impossible, c'est se placer à cent lieues de la vérité. Nos législateurs ont certainement compris que leur loi du mariage civil était un coup d'État législatif, un attentat à la liberté des consciences et une immolation des intérêts particuliers de la femme et du mari. Les raisons minuscules que l'on invoque pour justifier le mariage civil ne sont pas entrées dans la pensée de nos législateurs ; les véritables raisons sont politiques ; elles sont énormes comme la loi du mariage civil et le but mons-trueux que l'on se proposait.

En résumé, sur ce long chapitre, les raisons invoquées pour défendre le mariage civil ne soutiennent pas un examen sérieux. La loi du mariage civil, loin d'être une conséquence du principe de la liberté des cultes, en est une violation manifeste. Cette loi sacrifie en même temps les consciences et la justice : les cons-ciences, en les forçant à l'apostasie et en faisant produire immédiatement au mariage civil tous ses effets ; la justice, en faisant courir la présomption de parternité du mari à comp-ter du jour même du mariage civil, sans s'en-quérir si les époux n'ont pas différé la coha-bitation jusqu'à la célébration du mariage religieux. La faculté du mariage religieux ne corrige pas ces inconvénients : il peut arriver que le mari s'y refuse et alors on n'accorde à la femme que la triste ressource de se refuser elle-même à la cohabitation ou de demander sa séparation de corps ; le mariage ne se con-somme pas et reste stérile.

CHAPITRE V.

Nous venons de réfuter les raisons par lesquelles on s'efforce de justifier le mariage civil, et, à cette occasion, nous avons fait ressortir quelques uns de ses inconvénients. Nous avons établi notamment ceci :

1° Le mariage civil, loin d'être une conséquence du principe de la liberté des cultes, est une monstrueuse violation de la liberté des consciences ;

2° Le mariage civil est presque toujours inutile et stérile quand le mari se refuse à la célébration religieuse, la femme se refusant alors à la cohabitation ou faisant prononcer sa séparation de corps ;

3° Le mariage civil renferme une injustice manifeste contre le mari et applique à faux la présomption de paternité, lorsque la célébration religieuse a subi quelques retards.

Ces inconvénients sont fort graves assurément ; mais il en existe d'autres qui ne le sont pas moins. Ce sont les suivants :

4° La religion et ses ministres sont placés sous la domination de la commune et du maire ;

5° Les époux sont humiliés dans leur dignité, frappés dans leur foi religieuse, tyrannisés dans leur liberté de conscience ;

6° La famille est atteinte dans sa dignité, troublée dans son harmonie, affaiblie dans sa fécondité ;

7° La puissance paternelle manque d'autorité et n'inspire aucune crainte ni aucun respect aux enfants du mariage civil ;

8° Enfin, la société elle-même est blessée dans sa puissance d'expansion et menacée dans son organisation intime par l'épuisement de la famille et le péril de la paix intérieure.

Les trois premiers de ces inconvénients ont été mis en évidence dans le chapitre précédent. Nous allons faire ressortir les autres.

Et d'abord la religion et ses ministres sont placés dans une condition de subordination à la commune et au maire. Le mariage civil, ayant légalement le pas sur le mariage religieux, le domine, lui enlève sa liberté et sa dignité. Quand un homme et une femme se sont rendus à l'église pour la célébration de leur mariage religieux, le prêtre demande à l'homme s'il veut prendre cette femme pour son épouse, et à la femme si elle veut prendre cet homme pour son mari. Mais à quoi bon ces questions et ces formalités de consentement! L'homme et la femme n'ont-ils pas déjà répondu` *oui* devant l'officier de l'état civil? Ne sont-ils pas mariés civilement? Cesseraient-ils de l'être s'ils répondaient *non?* A quoi bon dès lors interroger des gens dont on connaît la réponse d'avance, puisqu'ils l'ont déjà faite et qu'elle est consignée dans un acte authentique. N'est-ce pas forcer la religion à s'abaisser, à être ridicule, ou à changer son formulaire de mariage? C'est ainsi que le mariage religieux est avili et réduit à n'être qu'une doublure du mariage civil.

Ce n'est pas tout. Les conditions du mariage religieux ne sont pas les mêmes que celles du mariage civil. Pour les catholiques notamment le mariage est un sacrement, et il faut être en état de grâce pour le recevoir. Quand le mariage civil a eu lieu, le prêtre est-il bien libre de différer la célébration du mariage religieux, comme l'exigerait peut-être l'état de la conscience des époux ou de l'un d'eux? N'a-t-il pas à craindre que les époux, se conformant à la loi, ne cohabitent ensemble?

Voilà comment l'État domine l'Église par la commune; comment aussi il s'impose au prêtre par le maire. Le pouvoir spirituel perd son indépendance; il est subordonné au pouvoir temporel. La loi du mariage civil sent la constitution civile du clergé; elle crée une religion d'État; son but, c'est de dégrader le prêtre catholique, de le transformer en pope russe et de le réduire à n'être, en fait de mariage, que le secrétaire d'une bureaucratie étroite, jalouse, subalterne. Le ministre du culte est simplement chargé de confirmer le mariage civil.

Le regard pénétrant de Bonaparte, premier consul, avait bien compris la situation que la prédominance du mariage civil faisait à la religion et au clergé. Aussi disait-il sur son rocher de Sainte-Hélène : « Je rendis tout indépendant de la religion, les tribunaux, *les mariages. Je ne voulais accorder au prêtre aucune influence.* »

Sur quoi, M. le Play, ce savant économiste contemporain, qui a visité tous les peuples de l'Europe et étudié leurs mœurs nationales, a écrit les lignes suivantes :

« Dans les campagnes à foyers épars,
» habitées par les chrétiens et les musul-
» mans des deux mondes, le service du culte
» est le principal élément de la vie commu-
» nale. Il en est ainsi, par exemple, chez les
» Anglais, qui conservent à leur commune
» le nom de paroisse. Chez les meilleurs
» modèles, cette prééminence du culte naît
» du zèle religieux du peuple et de la supé-
» riorité morale du ministre...

» Malgré les transformations survenues

» depuis le moyen âge, cette situation restait
» acquise au ministre avant la Révolution,
» dans la majeure partie de la France. Il en
» est encore ainsi en Angleterre; le ministre
» est l'influence dominante dans toute pa-
» roisse où ne réside point un grand pro-
» priétaire ou un magistrat.

» En France, la prédominance sociale du
» ministre n'est pas complétement détruite
» dans les campagnes rurales à foyers épars;
» mais la plupart des classes dirigeantes
» s'emploient sans cesse à l'amoindrir. J'ai
» souvent signalé, dans le cours de cet ou-
» vrage, les moyens de destruction employés.
» La monarchie en décadence a vu naître les
» faux dogmes que l'opinion égarée substitue
» à la loi de Dieu. A partir de 1791, la Ré-
» volution en a fait des lois écrites, en pré-
» sence desquelles aucune influence religieuse
» ne peut à la longue se maintenir. Le Con-
» sulat a rétabli, il est vrai, le service du
» culte que la Terreur avait aboli; mais,
» comme tous les gouvernements postérieurs,
» il a laissé subsister dans chaque paroisse
» rurale l'institution la plus anti-religieuse
» qu'ait inventée l'esprit révolutionnaire. Cette
» invention attribue à un magistrat civil la
» célébration du mariage; elle interdit au
» prêtre cette solennité qui, chez tous les
» peuples civilisés, élève le plus son carac-
» tère dans l'opinion des familles; elle lui

5

» laisse seulement la faculté de confirmer par
» la religion ce que celle-ci, suivant la cou-
» tume universelle du genre humain, peut
» seule instituer (1). »

(1) *De la Réforme sociale en France*, t. III, ch. 65,
n° xxvi, pp. 494 et 495, 5e édition. — Une autre loi de la
Révolution, conçue dans le même esprit que le mariage
civil, c'est celle qui attribue aux communes la propriété
des cimetières. Le maire devient ainsi le casuiste et le
grand-prêtre des enfouissements civils. On peut en dire
autant de l'article 340 du Code civil, qui, en défendant
la recherche de la paternité, excite à la séduction, promet l'impunité au séducteur et encourage la procréation
des enfants naturels. Ces lois, et beaucoup d'autres qui
leur ressemblent, ne suffisent pas à nos révolutionnaires; ils demandent l'instruction obligatoire et *laïque*,
afin d'enlever aux congrégations religieuses et au clergé
le droit d'instruire l'enfance et la jeunesse. L'instituteur seul aurait ce droit, et comme il est presque toujours le secrétaire de la mairie et placé, dans tous les
cas, sous l'influence du maire, il ferait plus que jamais
cause commune avec lui pour absorber la paroisse dans
la commune et l'église dans la mairie. Bien entendu, le
père n'aurait pas le droit de faire instruire ses enfants
suivant ses idées et ses croyances; il serait catholique,
mais, de par la loi, ses enfants devraient recevoir une
éducation de libres penseurs. Le foyer domestique de-
viendrait ainsi une petite France; le père de famille
serait le roi et les enfants le peuple souverain dictant
ses lois au père et le chassant de la maison. On reconnaît
à ce père le droit d'élire un député qui dirige les destinées de la France; mais on ne veut pas lui reconnaître
le droit de choisir un instituteur qui dirige l'éducation
de son enfant.

O logique révolutionnaire !

M. le Play a encore écrit tout récemment :

« Les nations souffrent ou prospèrent
» selon qu'elles respectent ou violent la loi de
» Dieu et les coutumes qui en dérivent (1). »

En effet, Dieu a conformé ses lois à la
nature de l'homme et à ses destinées sociales,
si bien que, nous l'avons déjà dit, le meilleur
chrétien est aussi le meilleur citoyen. Ainsi,
par exemple, Dieu commande aux enfants
d'honorer et de respecter leurs père et mère
parce que ce respect est nécessaire à l'autorité
paternelle et à la constitution de la famille. Or,
la famille est la source et le fondement de cette
autre grande famille qui s'appelle l'État.
L'article 371 du Code civil ordonne aussi aux
enfants d'honorer et de respecter leurs père et
mère; il est conforme à la loi de Dieu et n'en
vaut pas moins pour cela. Les lois des hommes, quand elles sont fondées sur celles de
Dieu, trouvent une obéissance plus facile et
plus digne; l'homme qui les observe, obéit en
même temps à sa conscience et à sa foi religieuse; il peut dire comme les croisés : *Dieu
le veut.* Mais les lois de Dieu sont plus puissantes et plus efficaces que celles des hommes;
elles atteignent des faits que celles-ci ne peuvent pas réprimer. Exemple : le christianisme
prescrit la continence; il n'admet d'exception à

---

(1) *La Constitution de l'Angleterre dans ses rapports
avec la loi de Dieu et la coutume de la paix sociale.*

cette règle que dans le mariage. N'est-il pas évident que les hommes qui observeraient ce commandement de Dieu seraient plus portés au mariage et que nous n'aurions pas ces légions d'enfants naturels qui, n'ayant pas reçu l'éducation de la famille, forment un peuple à part, ne savent que haïr et créent, par leur nombre toujours croissant, un véritable péril social. De plus, la religion comprime les vices, élève les âmes, donne la vertu et l'esprit de sacrifice. Les législateurs qui font des lois contraires à celles de Dieu et qui s'efforcent d'abattre le catholicisme, sont des insensés qui préparent la décadence nationale. L'histoire de la France ne le prouve que trop.

Les époux, auxquels leur conscience commande la célébration religieuse de leur mariage civil, ne sont pas moins humiliés et avilis que la religion et ses ministres. Le formulaire même du mariage religieux exige qu'ils soient tour à tour interrogés s'ils veulent se prendre pour époux. Ils sont déjà liés par le mariage civil, et cependant ils agissent et se laissent traiter comme s'ils étaient encore libres.

On n'a pas oublié le discours de M. de Bismark devant la Chambre prussienne : « Vous » autorisez le prêtre, disait-il, à laisser le » couple marié se présenter devant l'autel, à » demander à un citoyen s'il veut ou ne veut « pas prendre pour femme celle que la loi lui » impose déjà comme telle, demande à laquelle

» il ne peut plus légalement donner une ré-
» ponse négative (1). »

Les défenseurs quand même du mariage civil croient avoir répondu à toutes les critiques quand ils ont dit qu'après le mariage civil, les époux sont libres de se marier suivant les cérémonies de leur religion. C'est ainsi notamment que Napoléon cherchait à justifier le mariage civil. Mais cette liberté n'est qu'une injustice de plus, puisque les époux ne peuvent pas en user sans s'avilir, ni sans humilier la religion et le ministre auquel ils demandent de bénir leur union.

Quand un homme et une femme se sont strictement conformés à la loi en se contentant du mariage civil, ont-ils fondé une véritable famille ? N'est-il pas vrai que leur situation est équivoque, leur famille troublée, l'épouse civile douloureusement combattue entre les exigences contraires de la loi, celles de la conscience et de l'opinion publique ? Le tribunal de Trèves, ville autrefois française et régie encore par notre Code civil, a rendu, en 1845, un jugement dans les motifs duquel il dit « que d'après l'opinion prédominante des » classes ouvrières dans les provinces rhé-» nanes, c'est réellement commettre une » injure grave contre l'épouse que de refuser » de faire consacrer le mariage par l'autorité

_____

(1) Voir ce discours, p. 90.

» ecclésiastique, parce que *ce refus appelle*
» *sur la femme le mépris public* (1). »

Ces mariages, sans union véritable des
époux, peuvent-ils être bien féconds? S'ils le
sont, quelle école pour les enfants dans ces
tristes tiraillements du foyer domestique, où
Dieu lui-même est mis en question tous les
jours par le conflit continuel de la religion et
des lois! Quels exemples pour l'autorité paternelle et quel avenir pour la paix des familles
et les mœurs publiques! Quel respect les
enfants peuvent-ils avoir pour leurs père et
mère? Et quelle autorité les père et mère
peuvent-ils avoir sur leurs enfants? Il y a bien
un commandement de Dieu qui dit aux enfants:
« Vous honorerez vos père et mère. » Mais il
y en avait un autre qui ordonnait aux parents
de ne s'unir que suivant la loi de Dieu. Les
parents qui n'ont pas observé ce dernier commandement, sont-ils bien venus à exiger que
leurs enfants observent l'autre? Et la loi des
hommes, qui va contre celle de Dieu par le
mariage civil, est-elle bien fondée à ordonner
aux enfants d'honorer et de respecter leurs
père et mère? N'est-ce pas vouloir l'effet sans
la cause? Le respect de l'autorité s'apprend
au foyer domestique. Celui qui, enfant, n'a

(1) Ce jugement est rapporté avec l'arrêt d'Angers dans
le Recueil d'arrêts de Devilleneuve et Carette, année 1847,
2e partie, p. 418.

pas appris à respecter l'autorité paternelle, saura-t-il, devenu homme, respecter une autorité sociale quelconque ?

Le mariage est, d'après les idées et les traditions du genre humain, un acte grave et solennel auquel la religion préside (1). La loi l'altère et le dénature, quand elle en fait un contrat purement civil ; elle méconnaît le véritable mariage, celui qui est dans la conscience de l'humanité tout entière. De plus, en rendant le mariage civil obligatoire, la loi impose aux hommes de foi un acte d'apostasie, un acte de sectaires (2) ; le mariage véritable est déconsidéré et avili.

Et alors aussi ils sont nombreux les hommes qui voient dans le mariage civil un mariage qui n'en est pas un, et qui simplifient encore les formalités de la loi en se mettant en concubinage, par application de cette maxime immorale que nous avons lue, en 1868, dans la thèse d'un étudiant en droit : « Ceux qui s'aiment sont époux (3). » Le récipiendaire avait emprunté les doctrines de sa thèse à cette littérature dissolvante qui, partant du

---

(1) Voir la preuve de ceci au chap. Ier, p. 2.

(2) Au commencement du dix-septième siècle, un sectaire anglais, Robert Brown, enseigna la doctrine du mariage civil. — Voyez plus haut, p. 39.

(3) Nous devons dire, à l'honneur de la faculté de droit de Poitiers, que le candidat fut ajourné à cause des doctrines matérialistes de sa thèse.

naturalisme préconisé par la philosophie du dix-huitième siècle, arrive droit au bestialisme. Que parlez-vous de mariage à ces philosophes de l'athéisme et de l'abjection ! Ils ne reconnaissent que la religion de la nature et abaissent l'homme au niveau de la brute ? Pour eux, l'union de l'homme et de la femme ne diffère pas de celle des animaux. Rappelez-vous ces décrets cyniques de la Convention nationale qui accordaient une prime aux filles-mères, comme dans nos concours régionaux on prime les animaux reproducteurs. Les énergumènes qui ont voté de tels décrets sont indignes du nom de législateurs; leurs lois sont un crime de lèse-humanité. De cette philosophie du bestialisme au mariage civil la distance est-elle bien grande? Le mariage, pour les païens comme pour les chrétiens, est un acte religieux qui sanctifie l'union de l'homme et de la femme. Cette sanctification est d'origine divine, car c'est Dieu lui-même qui a béni l'union du premier homme et de la première femme; mais elle n'existe pas dans le mariage civil, à moins qu'on ne veuille prétendre qu'un maire de village a reçu d'en haut la mission de bénir et de sanctifier. Les plus intrépides défenseurs du mariage civil ne poussent pas la superstition jusque là; ils ne le pourraient pas d'ailleurs, car les trois projets de Cambacérès, et plus tard les rédacteurs du Code civil, se sont expliqués dans leurs motifs : ils ont donné pour base au mariage civil le consentement des époux. D'où il suit que l'homme et la femme qui consentent à s'unir sont époux. Quel besoin ont-ils de faire constater leur consentement par l'officier de l'état civil, quand ce consentement est avoué de part et d'autre? Le mariage civil nous ramène ainsi à la désolante maxime dont nous venons de parler : « Ceux qui s'aiment sont » époux. » Ce n'est plus le mariage de droit divin ; c'est le mariage de droit bestial.

Le peuple est instruit et il est bon qu'il le soit. On ne gouverne pas les hommes par l'ignorance. La religion ne craint pas la science ; elle ne craint que les préjugés, les passions, la mauvaise foi et cette demi-science qui est pire que l'ignorance. L'obéissance aux lois des hommes est plus facile et plus digne, quand elles sont conformes à celles de Dieu, car, en leur obéissant, on obéit à Dieu lui-même. Le peuple a donc fait, au sujet du mariage civil, un raisonnement qui est à peu près celui-ci :

Nos législateurs modernes ne tiennent aucun compte de la religion ni de la conscience à propos du mariage : ils ont mis l'une et l'autre hors la loi. L'État, par sa loi du mariage civil, a pris la place de l'Église. Mais, puisque la loi ne nous permet pas de nous marier à l'église, suivant la coutume de nos pères, sans avoir fait préalablement un acte d'abjuration

5*

et d'apostasie devant le prêtre de cette nouvelle église qui s'appelle la maison commune, pourquoi respecterions-nous cette loi plus qu'elle ne respecte notre religion et nos consciences? Nos législateurs ont voulu nous marier sans religion ; nous voulons, nous, nous marier sans leur loi. Ne nous ont-ils pas dit que le mariage civil est fondé sur la nature et le consentement des époux? Quel besoin avons-nous de l'officier de l'état civil pour nous conformer à la nature et faire constater notre consentement, comme si ce consentement ne pouvait pas être constaté autrement? Le mariage civil n'est qu'un concubinage légal. Les enfants du concubinage sont, comme ceux du mariage civil, les enfants de la nature et du consentement de leurs père et mère.

Voilà pourquoi, nous le répétons, ils sont nombreux les hommes qui raisonnent ainsi, plus nombreux encore ceux qui pratiquent ce raisonnement. Est-ce leur faute? Non; c'est celle de la loi qui, pour combattre l'Église, a dénaturé et avili le mariage, en attribuant à l'État ce qui appartient à Dieu.

Les lois des hommes ne touchent pas impunément à celles de Dieu. Quel respect un peuple peut-il avoir pour des lois que des sectaires ont faites contre ses croyances religieuses pour lui imposer l'athéisme ? Les auteurs de ces lois funestes, en voulant saper l'Église et le catholicisme, ont sapé l'édifice

social. Ce sont eux qui, par leurs lois dissol-
vantes, ont mis les armes à la main de ces
écrivains qui n'admettent ni mariage, ni famille, ni enfants légitimes ou illégitimes, et
qui, n'ayant égard qu'à la nature, veulent que
tous les enfants d'un même père aient un même
droit à son héritage.

Et nous osons le dire, au risque de nous
répéter, notre esprit se refuse à comprendre
qu'une législation, qui impose le mariage civil
sans tenir aucun compte des croyances religieuses, distingue des enfants légitimes et des
enfants illégitimes ou naturels, et qu'elle fasse
aux premiers une situation privilégiée. L'enfant légitime est celui qui est né d'une union
conforme à la loi de Dieu, aux traditions et
aux mœurs nationales. C'est ainsi que, dans
notre ancien droit, on entendait la légitimité
des enfants; et, la légitimité ainsi entendue,
on comprend fort bien pourquoi les enfants
légitimes recueillent l'héritage de leurs parents. Mais on comprend difficilement que
l'enfant du mariage civil soit légitime et qu'il
ait des droits que n'ont pas les enfants illégitimes ou naturels. En effet, l'enfant légitime
du mariage civil n'a pour lui que la nature et
la volonté de la loi civile. Mais l'enfant simplement naturel a certainement la nature pour
lui. A-t-il aussi la loi? Il en a incontestablement la cause, la raison, le fondement; car le
motif et la raison, que nos législateurs mo-

dernes ont donnés du mariage civil, c'est que l'homme et la femme ont consenti à s'unir. Cela est tellement vrai que les auteurs du mariage civil, conséquents avec leur principe, ont admis le divorce : 1° par le consentement mutuel des époux ; 2° pour cause déterminée. Le consentement des époux était la cause, la raison, le fondement du mariage civil ; donc, logiquement, quand le dissentiment éclatera entre ces mêmes époux, la raison du mariage civil n'existe plus entr'eux ; en conséquence, le Code civil a dû les autoriser et les autorise, en effet, à divorcer (1). Mais le concubinage,

(1) On sait que le divorce, admis par le Code civil, a été aboli par une loi du 8 mai 1816, dont M. Naquet, député, demande aujourd'hui l'abrogation, ce qui équivaudrait au rétablissement du divorce. La loi de 1816 a aboli le divorce parce que le mariage est indissoluble. Ce motif est développé dans le rapport que M. de Lamoignon fit à la Chambre des Pairs, le 25 avril 1816 (V. le *Moniteur universel* dudit jour, p. 492). » L'Assemblée » nationale, disait M. de Lamoignon, avait dit : *La loi ne* » *considère le mariage que comme un contrat civil.* C'é- » tait, pour ainsi dire, déclarer qu'il cessait d'être indis- » soluble ; mais nos habitudes et nos mœurs en dispo- » saient autrement... L'indissolubilité du mariage est » une des plus belles institutions qui existent sur la » terre. C'est elle qui assure l'état et l'éducation des » enfants ; c'est elle qui attache les parents à leur famille » et les citoyens à leur patrie ; c'est elle enfin qui donne » des mœurs à la société, et l'humanité lui doit ses plus » **doux sentiments.** » Il est donc certain que le divorce a été aboli parce que le mariage est indissoluble. Mais

lui aussi, est fondé sur le consentement de
l'homme et de la femme, autant et plus peut-
être que le mariage civil. C'est ce qui a fait
dire, avec raison, que le mariage civil n'est
qu'un concubinage légal. Comment se fait-il
donc que les enfants du concubinage soient
illégitimes ou naturels, tandis que ceux du
mariage civil sont légitimes? Il est de règle
que là où la raison est la même, le droit doit
être le même aussi : *Ubi eadem ratio, ibi idem
jus.* L'enfant légitime du mariage civil n'a sur
l'enfant illégitime du concubinage qu'un bien
faible avantage; c'est que ses parents ont
donné leur consentement devant l'officier de
l'état civil, tandis que ceux de l'enfant illégitime n'ont pas eu cette précaution. Mais la
constatation du consentement par l'officier de
l'état civil est une minutie qui n'explique pas
la différence que la loi fait entre l'enfant légitime et l'enfant naturel. Les législateurs de
1793 étaient plus logiques que ceux du Code
civil : ils avaient compris que le mariage civil

quel est le mariage indissoluble? Ce n'est pas le mariage civil; c'est le mariage religieux, le mariage chrétien, et surtout le mariage catholique qui est un sacrement. La loi de 1816 a donc restitué au mariage son
caractère religieux. De là nous déduisons les deux conséquences suivantes: 1° la loi du 8 mai 1816 a implicitement abrogé les articles 199 et 200 du Code pénal; 2° le
mariage religieux, non précédé ni suivi du mariage
civil, est valable.

n'en est pas un et qu'il n'y avait pas de raison
sérieuse de distinguer des enfants légitimes
et des enfants illégitimes. Il ne faut pas oublier
le mot de l'un d'eux, Chabot (de l'Allier) :
« Il n'y a pas d'enfants illégitimes, parce qu'il
» n'y en a pas de légitimes. » Aussi un décret
du 12 brumaire an II (2 novembre 1793)
avait accordé aux enfants « nés hors mariage »
les mêmes droits qu'aux enfants légitimes sur
les successions de leurs père et mère. Les
rédacteurs du Code civil ont fait de l'éclec-
tisme juridique et n'ont accordé aux enfants
naturels, sur les biens de leurs père ou mère
qui les ont légalement reconnus, qu'une part
de la part qu'ils auraient eue s'ils avaient été
légitimes (art. 756 du Code civil). Les exposés
des motifs disent que les rédacteurs du Code
civil ont ainsi réglé les droits des enfants naturels « en l'honneur du mariage ». Mais de
quel mariage? Du mariage civil, bien entendu;
le Code civil n'en reconnaît pas d'autre. Or,
ce mariage civil mérite tant d'honneur, que,
nous venons de le voir, l'opinion publique, en
France, et jusque dans les provinces rhénanes,
le couvre de mépris.

Ah! sans doute, nous comprenons que, « en
l'honneur du mariage, » la loi civile fasse une
grande différence entre les droits des enfants
légitimes et ceux des enfants naturels, lorsque
le mariage est célébré conformément à la loi
de Dieu. Les enfants nés d'une telle union sont

les vrais enfants légitimes; car, leurs père et mère ont doublement observé la loi de Dieu qui leur défendait de ne s'unir qu'en mariage et leur prescrivait de célébrer leur union par la bénédiction du prêtre. Le mariage ainsi célébré est une union sainte, conforme à la loi de Dieu et aux traditions du genre humain. C'est ce mariage, et celui-là seul, qui doit être honoré et respecté ; c'est aux enfants qui en sont issus qu'appartient l'héritage paternel. Les mœurs nationales, au lieu d'honorer et de respecter le mariage civil, le couvrent de leur mépris ; elles n'y voient qu'un concubinage légal, qu'une contrefaçon et une falsification du mariage véritable, le mariage religieux.

De là résultent des conséquences graves qui donnent lieu à de sérieuses réflexions : nos lois modernes, en faisant du mariage un contrat purement civil, l'ont dénaturé et avili dans l'opinion de beaucoup d'hommes qui n'y voient qu'un concubinage légal. D'autre part, le mariage est, surtout pour les chrétiens, un acte essentiellement religieux ; la loi, en imposant le mariage civil, oblige ces chrétiens à ne pas se marier ou à faire, en se mariant civilement, un acte contraire à leur foi religieuse, un acte d'apostasie. On inspire ainsi le dégoût du mariage civil à beaucoup d'hommes qui ne se croient pas d'ailleurs obligés d'être plus religieux que la loi elle-même, et ces hommes-là préfèrent le concubinage au mariage civil.

Voilà comment la loi du mariage civil pousse au concubinage et, par conséquent, à la procréation des enfants naturels, dont le nombre, toujours croissant, constitue une démocratie de la pire espèce et crée un véritable péril social.

Malheureusement le mariage civil n'est pas, dans notre droit moderne, la seule loi qui favorise la procréation des enfants naturels.

L'article 340 du Code civil, avec sa règle qui défend la recherche de la paternité, excite à la séduction par l'impunité qu'il assure au séducteur; cette règle est la honte de notre législation. La France est le seul pays du monde où la recherche de la paternité soit interdite; c'est aussi le pays où les femmes sont le moins respectées. Une certaine littérature, faisant cause commune avec la loi, enseigne l'art de la séduction et exalte les séducteurs comme des héros. Hâtons-nous de dire que la littérature digne de ce nom, loin de s'associer à ces égarements, les flétrit. « La jeunesse de beaucoup d'hommes, dit » M. Legouvé, n'a qu'un but, ravir la vertu aux » femmes; tous, pauvres et riches, beaux et » laids, nobles et roturiers, jeunes et vieux, » se précipitent à la poursuite de cette vertu » comme des limiers sur une bête de chasse. » Un autre homme de lettres, M. Alexandre Dumas fils, a dit avec autant d'esprit que de raison :

« Si l'homme est le sexe faible, qu'il l'avoue,
» et qu'il laisse les femmes gouverner les
» empires et livrer les batailles. Le jour où
» la société déclarera que l'honneur d'une
» femme et la vie d'un enfant sont des valeurs
» comme une douzaine de couverts ou un
» rouleau d'or, les hommes les regarderont
» à travers les vitrines sans oser les prendre,
» et l'idée leur viendra de les acquérir et non
» de les voler. Au lieu de déshonorer les filles,
» on les épousera ; au lieu d'en faire des
» victimes, on en fera des alliés. De la condes-
» cendance des lois naît la facilité des mœurs.
» Comment avez-vous pu établir entre vos biens
» matériels et l'honneur de vos filles, de vos
» sœurs et de vos femmes, de la femme enfin,
» une si grande différence, au grand désa-
» vantage de celles-ci ? Il faut que vous soyez
» aveugles, méchants ou fous... Laissons la
» femme faire ce qu'elle fait, et dans cin-
» quante ans au plus nos neveux verront ce
» qui restera de la famille, de la vertu
» et du mariage dans notre beau pays de
» France (1). »

Comment, avec ces facilités et ces impu-
nités de la séduction, les hommes qui ne pratiquent pas les commandements de Dieu,
s'enchaîneraient-ils par le mariage ? Ils ont
un calcul plus simple à faire ; c'est de con-

(1) *Théâtre complet*, Paris 1868, t. Ier, p. 46.

server leur liberté et de se réserver pour les
séductions. Voudraient-ils se marier, il leur
serait bien difficile, dans les grands centres
de population, de trouver des filles chastes
appartenant aux classes peu élevées de la
société.

Aussi sont-ils nombreux les enfants naturels qui naissent, tous les ans, en France !
Les statistiques constatent qu'il en naît à
Paris 75,000 par million d'habitants, c'est-à-
dire plus de 100,000 par an. La proportion est
à peu près la même dans les grandes villes,
surtout dans celles qui sont manufacturières.

Notre Code civil a voulu favoriser la reconnaissance des enfants naturels par leurs père
et mère; mais il n'a pas atteint son but, et il
n'y a qu'un petit nombre de ces enfants qui
soient reconnus, parce que la reconnaissance,
surtout celle qui émane du père, est presque
toujours un mauvais service rendu à l'enfant.
D'une part, en effet, pour l'honneur du mariage civil, les droits des enfants naturels
dans les successions de leurs père et mère
qui les ont reconnus, sont bien moindres que
ceux des enfants légitimes, et d'autre part,
l'article 908 du Code civil déclare les enfants
naturels incapables de rien recevoir, par donation entre-vifs ou par testament, de leurs père
ou mère qui les ont reconnus, au-delà de la
portion qui leur est accordée par la loi. Mais
voici l'article 340 qui interdit la recherche de

la paternité d'une manière absolue, autant contre l'enfant que pour l'enfant. Un père peut donc, en ne reconnaissant pas son enfant naturel, éluder la prohibition de l'article 908 et disposer, par donation entre-vifs ou par testament, en faveur de cet enfant, même incestueux ou adultérin, de tout ce dont il pourrait disposer en faveur d'un étranger. C'est ainsi que la loi réussit à honorer le mariage civil que d'ailleurs l'opinion publique méprise. De plus, si les enfants naturels ne sont point reconnus, c'est qu'ils sont presque toujours abandonnés par leurs père et mère.

Que deviennent ces légions d'enfants naturels? Ils n'ont pas reçu les caresses d'un père et d'une mère, ni cette première éducation du foyer domestique qui apprend à aimer et à respecter. L'homme s'attache au lieu de sa naissance : c'est là, en effet, que ses parents ont vécu, là qu'ils ont travaillé, là qu'ils ont prié, là, enfin, qu'ils l'ont aimé et soigné, quand il était enfant; c'est là aussi qu'il a fait l'apprentissage des vertus de ses parents. Ce lieu est pour lui le principe de la patrie, *patria*, le pays de nos pères.

L'enfant naturel n'a rien de tout cela. Seul, délaissé, il n'a appris ni à aimer, ni à respecter; il ne sait que haïr. Il n'a point de famille; donc il niera la famille et prétendra que, par le droit de la nature, il ne doit y avoir ni enfants légitimes, ni enfants illégi-

times, et que tous les hommes sont frères et
égaux. L'enfant naturel est déplacé dans la
société; donc, il en détestera l'organisation
et en désirera le renversement. Du patriotisme, ne lui en demandez pas; il ne connaît
pas toujours le lieu de sa naissance, et le
connaîtrait-il, aucun souvenir pieux ne l'y
attache, car il n'a jamais connu ses père et
mère. Enfant de la nature, il ne connaît que
le droit naturel.

Les enfants naturels, quand ils forment une
partie considérable de la population d'un État,
sont un peuple dans un peuple, et constituent
par leurs idées et leurs aspirations un véritable péril social.

Cette situation n'est pas nouvelle dans l'histoire des peuples.

Rome, dans les derniers temps de sa République, avait été divisée par les partis
politiques et désolée par les guerres civiles.
Les chefs de parti, Marius et Sylla, César et
Pompée, et leurs partisans, affranchissaient
leurs esclaves par milliers, afin de les enrôler
dans leurs armées. D'autre part, de riches Romains, voulant laisser après eux une grande
réputation de générosité, affranchissaient
aussi leurs esclaves en masse par testament, et
ces affranchis suivaient leur convoi coiffés du
bonnet de la liberté. Une foule d'hommes vils
et corrompus obtenaient ainsi le titre de citoyens romains; ils n'avaient ni famille ni

patrimoine; ils étaient un danger continuel pour la sécurité publique.

Auguste, parvenu à l'empire, voulut porter remède à ce mal. Alors parurent les lois Ælia Sentia et la loi Furia Caninia, qui apportèrent des restrictions considérables à la faculté d'affranchir les esclaves.

Mais le mal était plus profond.

Le concubinage, l'adultère, le divorce dissolvaient l'empire; la corruption était à son comble. Les hommes, ne pouvant plus trouver des femmes chastes, étaient dégoûtés du mariage et préféraient les liaisons plus faciles du concubinage (1). La population légitime, décimée d'ailleurs par les guerres civiles, diminuait de jour en jour; elle était débordée par les affranchis et les enfants naturels.

A ce mal s'en était joint un autre. Les dieux de Rome étaient tombés sous la risée publique (2). Les cœurs étaient vides; il n'y avait de place que pour le matérialisme et le sensualisme, seule foi des hommes qui n'en ont plus.

Auguste voulut encore appliquer à ce mal le remède des lois. Il fit voter par les comices la loi Julia *de Adulteriis*, qui réprimait l'adultère, afin que désormais les hommes pussent

---

(1) *Et jam vix ullœ inveniri possent pudicœ uxores.* Dion-Cassius, LIV.

(2) *Jam nimis multos audio... antefixa fictilia deorum romanorum ridentes.* — Discours de Caton, dans Tite-Live, XXXIV).

trouver des femmes ayant quelque pudeur et se marier. Ensuite Auguste fit voter une seconde loi, qui était comme la conséquence de la précédente, la loi Julia *de maritandis Ordinibus*, et, sur la fin de son règne, la loi *Papia Poppœa*, que les jurisconsultes romains, en y réunissant la loi Julia *de maritandis Ordinibus*, appellent *lex Julia et Papia*.

Ces lois célèbres ne se proposaient rien moins que la régénération du monde. Accroître la population légitime et faire disparaître peu à peu la classe malsaine des affranchis et des enfants naturels, tel était leur but. Pour l'atteindre, les nouvelles lois soumettaient au mariage toutes les personnes capables de se marier ; elles prononçaient des peines civiles contre les célibataires et les *orbi* ou veufs sans enfants, et en même temps elles accordaient des récompenses à la paternité et à la fécondité (1).

Les lois d'Auguste n'attaquèrent pas le concubinage dans son principe, mais dans ses conséquences. Les mœurs sont presque toujours plus puissantes que les lois ; c'est ce qui faisait dire au poëte ami d'Auguste : *Que peuvent les lois sans les mœurs* (2) ! L'obstacle

---

(1) Saint Jérôme cite le fait d'une dame romaine qui avait eu successivement vingt-deux maris.

(2)   *Quid leges sine moribus,*
         Vanæ proficiunt !
                    (Horace, ode XXIV.)

au développement de la population légitime était dans la dépravation des mœurs, le remède dans la loi de chasteté et d'indissolubilité du mariage.

A cette époque solennelle dans l'histoire de l'humanité, le christianisme naissait et portait le remède au mal qui dissolvait le monde. Sa doctrine, en faisant une loi de la chasteté et de l'indissolubilité du mariage, attaquait en face le concubinage et le divorce; c'était la condamnation éclatante des mœurs de Rome, et Rome était alors le monde. Il semble que Dieu ait choisi à dessein cette époque mémorable pour envoyer son Fils sur la terre afin d'apprendre aux hommes que leurs lois sont impuissantes sans les siennes. Jésus-Christ l'a dit : Sans moi, vous ne pouvez rien faire : *Sine me nihil potestis facere*. Il fallait que le monde, pour ne pas tomber en dissolution, allât des dieux à Dieu. Le christianisme seul avait la puissance et il eut la gloire de régénérer le genre humain. En effet, « parce qu'on » cherchait alors sérieusement la perfection, » dit Chabril, cité par Montesquieu, il ne » résulta aucun inconvénient sensible de la » loi de continence; la religion avait détruit » les passions que, sans elle, le célibat entre- » tient parmi les hommes (1). »

La France est-elle loin de la situation que

---

(1) *Esprit des lois*, liv. XXIII, chap. XXI.

nous venons de décrire à grands traits?

Depuis plus de dix ans, la population diminue chez nous, tandis que, depuis plusieurs siècles, elle allait toujours en augmentant. Les deux derniers recensements de la population constatent cette diminution ; elle est également constatée avec douleur par M. Léonce de Lavergne, membre de l'Institut et sénateur, dans une lettre que ce savant économiste vient d'écrire, le 9 août 1876, au journal l'*Économiste français*. Les chiffres ne sont d'aucun parti; ils sont implacables et souvent bien instructifs.

Quelles sont les causes de ce triste fait?

Nous sommes au siècle du progrès, nous dit-on ; mais ce progrès n'est pas certainement celui de la population (1). Chose singulière! dans les siècles de cléricalisme et avant l'ère du progrès, la population en France allait en augmentant; tandis que, dans le siècle des lumières et du progrès, elle va en diminuant. Est-ce possible? Oui, puisque cela est ; et nous allons vous en dire les raisons carrément, ô révolutionnaires endurcis! qui avez des yeux pour ne point voir.

La lutte engagée par l'athéisme révolution-

(1) Les révolutionnaires ont inventé une dizaine de mots d'un sens vague et indéfini, tels que ceux-ci : *progrès, civilisation, idées modernes, démocratie,* etc...; ces mots sont comme la bouteille magique des charlatans : on en fait sortir tout ce qu'on veut.

naire contre le catholicisme est comme le mensonge; il en reste toujours quelque chose. Elle a donc affaibli la foi religieuse et l'observation du commandement de Dieu qui prescrit à l'homme de ne s'unir qu'en mariage. D'autre part, le mariage civil, cette machine de guerre, inventée contre le catholicisme, est la contrefaçon et la falsification du mariage tel que l'humanité l'a compris jusqu'ici ; et comme on ne peut pas se marier religieusement sans s'être préalablement marié civilement, c'est-à-dire sans avoir fait un acte d'abjuration et de sectaires, il y a beaucoup d'hommes qui ne veulent se marier d'aucune manière ; ils prennent ce parti d'autant plus facilement que le mariage civil n'est qu'un concubinage légal, couvert de mépris par l'opinion publique, et que l'article 340 du Code civil, en défendant la recherche de la paternité, excite à la séduction par l'impunité qu'il assure au séducteur. Alors les hommes prennent le parti de s'amuser et de vivre dans le libertinage ; les moins débauchés vivent dans le concubinage.

La femme est encore plus faible que l'homme. Attaquée par toute espèce de moyens, il faut qu'elle soit douée d'une vertu exceptionnelle pour ne pas succomber. Les filles qui appartiennent aux classes inférieures et peu aisées de la société sont, surtout dans les villes, plus particulièrement en butte à toutes les attaques de la séduction. Il est bien difficile qu'elles résistent au luxe qui s'étale et qu'on leur offre comme condition de leur chute. Et celles qui sont pauvres et qui, malgré leur travail, vivent de privations, est-il possible qu'elles résistent à plusieurs pièces d'or? Nos ouvriers, nos petits artisans sont comme les Romains du siècle d'Auguste; il leur est bien difficile de trouver une femme chaste. S'ils la trouvaient, ils devraient bien réfléchir encore avant de l'épouser. Que deviendraient leurs filles? Ne seraient-elles pas d'avance, elles aussi, vouées à la séduction?

Le christianisme avait rendu les fameuses lois Julia et Papia inutiles; Justinien les abrogea. Depuis longtemps les hommes se conformaient à la loi de Dieu, qui prescrit la continence, et ils n'y dérogeaient que par le mariage, c'est-à-dire en se conformant encore à la loi de Dieu. Le concubinage, cette plaie de l'ancien paganisme, disparut; et comme l'homme est naturellement porté au mariage, parcequ'il y trouve ce *consortium omnis vitæ* qui est d'origine chrétienne, les lois civiles n'eurent plus besoin de prononcer des peines contre les célibataires. Mais le progrès moderne nous a ramenés au paganisme et nous a placés dans une situation analogue à celle du règne d'Auguste, sans le correctif des lois Julia et Papia.

Quand les mariages diminuent, il est conséquent que la population diminue aussi.

Notre Code civil produit une autre cause de diminution de la population en prescrivant le partage des patrimoines par portions égales et en nature. Nous avons eu déjà occasion de constater que l'article 826, édicté ostensiblement au nom de l'égalité et des droits de la nature, avait secrètement pour but de dépecer les domaines qui restaient encore des anciennes familles, afin de détruire l'influence de ces familles et de la remplacer par celle d'une féodalité bonapartiste (1). Ce calcul dynastique a tourné contre la France. Un de nos anciens jurisconsultes, Renusson, a dit que « les Français ont toujours eu grand soin, pardessus les autres nations, de perpétuer leur famille et d'en établir la durée dans la postérité (2). » Une des rares Coutumes du Midi, les *Statuts de Provence*, disait aussi en langue romane que la dot était inaliénable « pour la conservation des maisons nobles et autres. » Ces mœurs n'ont point changé. La plupart des pères de famille qui possèdent une propriété importante, emploient tous les moyens pour empêcher qu'elle soit partagée, après leur mort, en un grand nombre de portions : l'un de ces moyens, c'est que le père de famille, quand il a un ou deux enfants, fait en sorte de ne pas en avoir d'au-

---

(1) Voir ci-dessus, la note de la page 02.
(2) *Traité des Propres*, ch. I, sect. i, n° 3.

tres, violant ainsi ses devoirs de chrétien et
le but du mariage. Lés prêtres s'élèvent
contre ces calculs, parce que la religion les
condamne. Mais, bien entendu, les Michelet
des temps modernes prennent prétexte de là
pour attaquer le prêtre et lui reprocher de se
mêler des affaires des familles dans un but
de domination cléricale. Parmi ces grands
citoyens de la libre pensée et de la calomnie,
combien y en a-t-il qui aient réfléchi que le
clergé, en cherchant à faire observer la loi
de Dieu sur ce point, fait de l'économie sociale
et du patriotisme, puisqu'il lutte pour éviter la dépopulation et la décadence de la
France ? Ce qu'ils ont réfléchi et calculé,
c'est qu'il importe au parti révolutionnnaire
que les choses se passent comme nous venons de dire. En effet, dans la classe des ouvriers et des artisans, les pères de famille
n'ont pas à se préoccuper du morcellement de
propriétés qu'ils ne possèdent pas. Aussi a-t-
on remarqué depuis longtemps qu'ils ont un
grand nombre d'enfants ; c'est même pour
cela qu'on les a appelés *prolétaires,* du mot
latin *proles,* progéniture. Or, avec notre principe de la souveraineté du peuple et notre
système de suffrage universel, il est évident
que les classes qui possèdent sont dominées
par celles qui ne possèdent pas ; notre système électoral sacrifie les intérêts à la loi du
nombre.

Les légions d'enfants naturels qui naissen
tous les ans en France, ne comblent pas les
vides de la population légitime. La débauche
n'est pas féconde. Et d'ailleurs, que de crimes
d'avortement et d'infanticide, qui restent in-
connus et impoursuivis (1) !

Que deviennent tous ces enfants naturels?

La plupart vont chercher du travail dans les
grandes villes et y deviennent des ouvriers
de la pire espèce; ils adoptent bien vite les

(1) Est-il juste que notre Code pénal punisse l'avortement et l'infanticide? Nous l'avons déjà dit, l'article 340
du Code civil, en défendant la recherche de la paternité,
excite à la séduction et, par conséquent, à l'avortement
et à l'infanticide. La jeune fille déshonorée et compromise, ne pouvant pas associer son séducteur à son déshonneur en le traduisant devant les tribunaux, n'a que
la terrible alternative de laisser publier son déshonneur,
en conservant son enfant, ou de chercher à sauver son
honneur en étouffant le prem er cri de cet enfant. Il
existait autrefois une institution admirable, inventée par
le génie du christianisme; c'étaient les tours dans les
hospices. Là une main invisible déposait un enfant nais-
sant, et une de ces filles qui ont voué leur jeunesse et
leur beauté au service de Dieu et de l'humanité, veillait
jour et nuit pour recevoir le précieux dépôt. Le gouvernement de 1830 a supprimé ces tours pour économiser
quelques gros sous. — Les rédacteurs du Code pénal
ont vu que notre ancien droit criminel punissait l'avortement et l'infanticide, et ils ont cru devoir, eux aussi,
punir ces deux crimes; mais il n'ont pas réfléchi que
la situation n'était plus la même, puisque l'ancien droit
permettait la recherche de la paternité, tandis que le
droit moderne la défend.

5***

doctrines de l'Internationale et de la Commune.
Ceux qui habitent Paris se joignent à quatre
cent mille déclassés qui, n'ayant pas su faire
leurs affaires dans leur pays, sont allés chercher fortune à Paris et prétendent faire les
affaires de la France. C'est là ce peuple français qui fait les révolutions à Paris et qui
par la centralisation les impose à toute la
France. Les haines et les passions anti-sociales
de ces hommes sont entretenues par des chefs
de parti, qui, sous prétexte de servir le peuple,
s'en servent. Pauvre France !

Tout se tient dans ces grandes institutions
sociales qui s'appellent le mariage, la famille,
l'autorité paternelle, la transmission héréditaire des patrimoines.

Tels sont les inconvénients du mariage civil.
Ils forment un véritable péril social.

La lutte a commencé contre l'Église catholique, dépositaire de la doctrine chrétienne.
Mais on n'a pu attaquer l'Église sans attaquer
en même temps ces lois admirables que Dieu
a établies pour le gouvernement des hommes
et celui des sociétés. Le christianisme est plus
qu'une religion; c'est une loi éminemment
sociale. C'est le christianisme qui a civilisé
le monde; c'est lui qui avait fait de la France
la plus belle, la plus glorieuse et la plus puissante des nations. Mais nos législateurs
modernes, prenant parti contre Dieu, organisateur des sociétés humaines et des grandes

nations, ont entrepris de réformer son œuvre ;
ils ont fait des lois sans Dieu et contre Dieu.
Ces lois d'athéisme désorganisent les nations
qui les subissent ; et comme il faut toujours un
Dieu, même aux hommes qui n'en veulent pas,
la philosophie du dix-huitième siècle, prenant
l'œuvre pour l'ouvrier, érigea la nature en
Dieu : le naturalisme du dernier siècle est
devenu le panthéisme des temps modernes.
Quand tout est Dieu, rien n'est Dieu. Le culte
de ce nouveau dieu qui n'en est pas un, c'est,
comme à la fin de la république romaine, le
matérialisme et le sensualisme, religion des
hommes qui n'en ont pas. Les adeptes du nouveau culte sollicitent ardemment le renversement de notre état social, pour avoir leur
part des jouissances matérielles ; ils veulent
notamment qu'il n'y ait ni mariage ni famille,
afin d'arriver à la réalisation de la maxime
dont nous avons déjà parlé ; « Ceux qui s'aiment sont époux. » C'est la religion du bestialisme et la déchéance de l'humanité.

Le christianisme a résolu admirablement
ce formidable problème. Spiritualiste et non
matérialiste, il procure déjà dans ce monde,
aux deshérités de la fortune, le bonheur attaché
à l'observation des commandements de Dieu ;
il leur offre l'exemple de Jésus-Christ, né dans
la pauvreté, et leur promet dans l'autre monde
un bonheur éternel. Les chrétiens ne doivent
donc pas chercher à faire leur bonheur dans

ce monde en se procurant des plaisirs matériels que leur religion condamne. Mais les
athées, qui ne croient qu'au matérialisme et
au sensualisme, ils veulent faire leur bonheur
ici-bas par les jouissances terrestres, parce
qu'ils ne croient pas à une autre vie. Ils sont
donc insensés ceux qui prétendent gouverner
les hommes par des lois qui, loin de s'appuyer
sur celles de Dieu, leur sont opposées. Au
nom de qui et de quoi gouvernent-ils? Ce ne
peut être que par la force.

Ou vous ou NOUS, disait Mazzini, dans une
conversation intime, à Mgr Mermillod, l'évêque
de Genève destitué par le Conseil fédéral de
Berne. Vous promettez au peuple le paradis
et une félicité éternelle, s'il observe les commandements de Dieu et de l'Église. Nous
allons plus droit au but; NOUS voulons que le
peuple fasse son paradis sur la terre, en vertu
de la maxime : mieux vaut un *je tiens*, que
deux *tu l'auras*. Mgr Mermillod répondit : Et
après la mort, que donnez-vous au peuple?
Mazzini répliqua : Voltaire a écrit sur les
murs de Ferney : « Le plaisir est la loi universelle; ceux qui se le procurent font leur
salut. » Je suis voltairien.

CHAPITRE VI.

COUP D'ŒIL SUR LA LÉGISLATION DES PRINCIPAUX PEUPLES DE L'EUROPE EN FAIT DE MARIAGE.

On connaît les efforts qu'a faits la Révolution française pour la propagation de sa foi philosophique, anti-catholique et athée. Les doctrines révolutionnaires furent propagées d'abord par la victoire et la conquête, ensuite par la presse, par les livres, par tous les moyens. Notre Code civil eut une influence considérable sur les autres peuples de l'Europe : plusieurs législations étrangères furent modifiées et calquées sur la nôtre.

Et pourtant, chose remarquable! le système de notre Code civil, quand au mariage, ne fut entièrement adopté nulle part. Ce système nous est maintenant bien connu. Le mariage civil est obligatoire et doit nécessairement précéder la célébration du mariage religieux. Le Code civil ne reconnaît pas le mariage religieux et n'y attache aucuns effets civils. Donc, le mariage religieux, célébré seul, n'aurait, d'après le Code civil seul, aucune existence légale ; il ne donnerait pas la qualité d'époux à ceux qui l'auraient contracté, et les enfants qui en naîtraient ne seraient pas légitimes, sauf l'application des règles du mariage putatif, si les époux étaient de bonne foi (1). Quant au ministre du culte qui aurait eu l'imprudence de célébrer le mariage religieux avant que le mariage civil n'ait eu lieu, on sait qu'il serait traduit en police correctionnelle comme un malfaiteur.

Nous avons vu que pour justifier ou atténuer l'énormité du mariage civil, tel que nos lois

(1) Nous sommes convaincu que le mariage, célébré seulement devant le ministre du culte, doit produire les effets du mariage putatif, lorsque les époux ou l'un d'eux sont de bonne foi : telle est aussi l'opinion de M. Marcadé et de M. Mourlon. L'opinion contraire, enseignée par M. Valette, professeur à la faculté de droit de Paris, et par M. Demolombe, doyen de celle de Caen, se fonde sur les derniers mots de l'article 201, « lorsqu'il (le mariage) a été *contracté* de bonne foi. » De là les deux savants professeurs concluent qu'il n'y a pas de mariage putatif sans un contrat plus ou moins régulier devant l'officier de l'état civil. A notre avis, le mot *contracté* signifie *a eu lieu :* signifierait-il *contrat,* nous dirions que le mariage religieux est le plus solennel des contrats, et que, quand il a été célébré de bonne foi, il produit les effets du mariage putatif. Mais depuis la loi du 8 mai 1816, abolitive du divorce, il faut aller plus loin et dire que le mariage chrétien, le mariage célébré par la bénédiction du prêtre est valable et produit tous ses effets civils. — Voyez la note de la page 144 et 145.

modernes l'ont organisé, on invoque la faculté
de la célébration religieuse. Nous avons am-
plement combattu cette défense du mariage
civil; nous allons voir que la faculté de la célébration religieuse du mariage n'a point paru
un remède suffisant aux législateurs étrangers,
et qu'ils ont organisé d'une manière bien différente les rapports du mariage civil avec le
mariage religieux. Tantôt on a le choix entre
le mariage civil et le mariage religieux, en ce
sens que la loi se contente du mariage religieux
et lui accorde tous les effets civils; c'est ce qui
a lieu en Angleterre. Tantôt le mariage religieux est une condition de la validité du mariage civil, comme en Roumanie. Ailleurs on
peut indifféremment célébrer l'une ou l'autre
des deux unions la première. La nouvelle loi
de l'empire d'Allemagne a préféré le système
du mariage civil français. Enfin il y a des pays
où le mariage civil joue un rôle purement se-
condaire : en Autriche, il est subsidiaire; en
Russie, il n'a été établi que pour les sectaires.

Il importe d'étudier et de comparer ces différents systèmes de mariage; la conclusion qui
s'en dégagera ne sera pas en faveur de notre
mariage civil.

§ Ier. — *Le mariage en Angleterre.*

La réforme de la législation anglaise sur le
mariage n'a pas le caractère radical de la

nôtre; elle est entièrement conforme au génie de la libérale Angleterre : c'est un modèle de tolérance et de liberté. Le mariage civil n'a pas été rendu obligatoire comme chez nous : on s'est borné à l'établir à côté du mariage religieux pour donner aux contractants le choix entre l'un ou l'autre (1). Ainsi, les catholiques, les protestants, les israélites peuvent se marier suivant leurs croyances religieuses et les cérémonies de leur religion ; les libres penseurs et les athées, qui n'ont aucune religion, peuvent se marier civilement.

Le mariage religieux, même célébré suivant les rites de l'Église anglicane, est soumis à certaines conditions du droit civil. Ainsi, les publications faites à l'église ne suffisent pas ; il faut de plus qu'elles soient faites par l'autorité civile, à moins qu'on en ait obtenu des dispenses. De même, pour obtenir la célébration religieuse, il faut, après l'expiration des délais des publications, demander à l'officier des registres (*registrar*) un certificat reproduisant les mentions contenues dans la notice des publications, avec déclaration que les délais des publications sont expirés sans qu'il ait été fait aucune opposition ou qu'on a

(1) Waldilove, *The laws of mariage*, London, 1864. — Voir aussi une étude complète sur la législation du mariage en Angleterre, par M. Gonse, dans le *Bulletin de la société de législation comparée* de février 1875.

obtenu la dispense des publications; ce certificat est remis au ministre du culte qui doit célébrer le mariage. Enfin, après la bénédiction nuptiale, l'acte du mariage est dressé, non-seulement sur les registres de la paroisse, mais encore sur ceux de l'état civil.

Quand le mariage a lieu suivant les formes d'un culte autre que la religion anglicane, il faut : 1° qu'il soit désigné à cet effet par l'autorité civile ; 2° qu'il soit, à moins de dispense, précédé des publications faites par la même autorite civile ; 3° que le *registrar* ou officier de l'état civil dans le ressort duquel se trouve l'édifice où le mariage doit être célébré, assiste à la cérémonie avec deux témoins.

Ces formalités prouvent que l'autorité civile intervient même dans les mariages religieux, surtout quand ils sont célébrés suivant la religion anglicane.

On est libre de préférer le mariage civil au mariage religieux ; le mariage civil est célébré et constaté par le *registrar* du district en présence de deux témoins.

§ II. — *Le mariage en Roumanie.*

Le Code civil roumain a été rédigé en 1865, sans aucune discussion législative, par une commission de jurisconsultes qui avaient presque tous étudié le droit à Paris ; il a été ensuite promulgué par le prince Couza, pendant une période dictatoriale. Ce Code reproduit presque toujours les dispositions de notre Code civil ; mais il s'en éloigne considérablement sur les points les plus importants, notamment quant au mariage et à la condition des enfants naturels. Le Code admet bien le principe du mariage civil ; mais ce principe est paralysé par l'article 22 de la Constitution roumaine qui exige, en outre, la célébration religieuse du mariage ; de sorte que le mariage civil est subordonné à l'accomplissement d'une condition suspensive, celle de la célébration religieuse.

Dans une telle législation, le mariage civil apparaît comme une formalité inutile ; car, il ne se suffit pas à lui-même ; il a besoin de se compléter par la célébration religieuse. Seul, il ne fournit pas la preuve de l'union conjugale ; on doit prouver de plus la célébration du mariage religieux. A quoi bon dès lors le mariage civil ? La loi anglaise est beaucoup plus logique.

§ III. — *Le mariage en Italie.*

On sait que l'Italie, avant son unification, était divisée en plusieurs États : les États sardes formaient un petit royaume régi par le Code Albertin. Ce Code commençait par proclamer « la religion catholique, apostolique et romaine, seule religion de l'État. » Il ajoutait que « le roi se fait gloire d'être le protecteur de l'Église et d'assurer l'observation des lois qu'elle rend dans les matières soumises à son autorité. » Les mariages étaient célébrés par les curés, suivant les formalités du culte catholique; les non-catholiques qui professaient une religion tolérée par l'État pouvaient se marier suivant les règles de leur culte. La législation des autres États de l'Italie était établie, quand au mariage, sur un système analogue à celui du Code Albertin.

Le nouveau Code civil italien a été publié en 1866. Il établit le mariage religieux et le mariage civil; les parties sont libres de commencer par le mariage religieux ou par le mariage civil, mais elles doivent célébrer l'un et l'autre. Les législateurs italiens ont reculé devant la monstrueuse tyrannie de la loi française qui ne reconnaît que le mariage civil et défend aux ministres du culte de célébrer le mariage religieux tant qu'il ne leur est pas justifié que le mariage civil a eu lieu (art. 199 et 200 du Code pénal). Le système de la loi italienne est incontestablement supérieur à celui de la loi française; il a le double avantage de ne pas subordonner le pouvoir spirituel au pouvoir temporel, et de respecter la liberté des consciences, en évitant à la femme mariée civilement de se voir refuser la célébration du mariage religieux par un mari libre penseur.

Moins défectueux que le mariage civil français, le mariage italien n'a pas la perfection
du mariage anglais. On ne voit pas la nécessité de ce mariage fait, pour ainsi dire, en
deux temps, l'un religieux, l'autre civil : quand
le mariage religieux, a été célébré, à quoi sert
le mariage civil? N'est-il pas une doublure
inutile? On pourrait croire que le mariage
civil est exigé pour prouver l'union conjugale.
Mais cela n'est pas possible, puisque, le mariage civil ne constituant pas cette union à lui
seul, il faut de plus prouver la célébration du
mariage religieux. La véritable raison nous
paraît être celle-ci : d'après le nouveau Code
italien, le mariage ne relève, en droit, que de
la loi civile; c'est elle qui en détermine les
formes et les empêchements, soit prohibitifs,
soit dirimants. D'autre part, le Code civil italien considère que le mariage est un contrat
civil et un contrat religieux. C'est ce qui nous
paraît expliquer la singulière idée qu'a eu le
législateur italien d'exiger pour le mariage et
la forme civile et la forme religieuse, c'est-à-
dire deux mariages qui n'en font qu'un. Le bon
sens du peuple italien ne comprend pas ces
complications et envisage le mariage avec plus
de simplicité : il se contente fort souvent du
mariage religieux. Cette situation préoccupe
les esprits en Italie.

§ IV. — *Le mariage en Autriche.*

L'empire d'Autriche est composé de nations hétérogènes ayant leur religion différente. C'est l'unité religieuse plus que l'identité de race qui fait l'unité nationale des peuples; c'est elle aussi qui se prête le mieux à l'uniformité des lois qui touchent, comme le mariage, à la conscience et à la foi religieuse de l'homme. Aussi n'y a-t-il pas de pays où la législation relative au mariage ait été plus tourmentée qu'en Autriche, surtout dans ces derniers temps.

Dans le Code civil de 1811, la législation autrichienne consacre le mariage religieux, tout en cherchant à s'affranchir de certaines règles du droit canonique. Parmi les dispositions de ce Code, on remarque notamment celle-ci : quand le mariage a lieu entre catholiques et non catholiques, il est bien célébré par le prêtre catholique, mais le ministre du culte dissident a le droit d'y assister. Le Code de 1811 détermine les causes de nullité du mariage et les emprunte d'ailleurs presque toujours au droit canonique; elles sont de la compétence de tribunaux civils spéciaux. Le curé est officier de l'état civil des catholiques; il a le droit de s'opposer à la célébration du mariage; mais les parties qui veulent vaincre sa résistance, peuvent porter l'affaire devant la juridiction civile qui décide si cette résistance est fondée ou non.

On voit par là que si le Code autrichien de 1811 ne prononce pas la séparation du mariage civil et du mariage religieux, il organise cependant les choses de telle façon que le mariage est tout à la fois civil et religieux comme en Italie.

Ces dispositions du Code autrichien de 1811 excitèrent les réclamations incessantes de l'Église. Le gouvernement autrichien, après avoir écarté ces doléances pendant longtemps, a fini par y faire droit. En 1856, un concordat eut lieu, en conséquence duquel une loi du 8 octobre de la même année reconnut purement et simplement tous les principes du droit canonique et rendit force de loi aux décrets du concile de Trente pour le mariage des catholiques. Des tribunaux ecclésiastiques spéciaux furent créés ; les mariages entre catholiques et dissidents ne furent plus tolérés qu'à la condition que les enfants qui en naîtraient seraient élevés dans la religion catholique.

Le parti libéral, ou qui se dit tel, est en Autriche ce qu'il est en France et partout : il protesta contre ces dispositions et leur reprocha, suivant son habitude, d'appartenir à un autre âge ; il cria au parti-prêtre ; il fit tant que les dispositions du Code de 1811, relatives au mariage, furent abolies en 1868. Une loi du 25 mai 1868, déterminant les rapports interconfessionnels des citoyens, supprime la disposition de la loi du 8 octobre 1856 qui ordonnait que les enfants des mariages mixtes fussent élevés dans la religion catholique. La nouvelle loi veut qu'à l'avenir les fils suivent la religion du père et les filles celle de la mère : elle laisse d'ailleurs aux époux la liberté d'établir sur ce point des conventions contraires, soit avant, soit pendant le mariage. Une autre loi, sur le mariage, portant la même date du 25 mai 1868, abroge celle de 1856 qui avait remis en vigueur les dispositions du concile de Trente : elle supprime la compétence des tribunaux ecclésiastiques et les remplace par des tribunaux civils matrimoniaux; enfin, elle remet en vigueur le Code civil de 1811, qui unit le mariage religieux et le mariage civil d'une manière indivisible.

Par ces réformes si profondes les législateurs autrichiens de 1868 n'établissent pas la séparation entre le mariage civil et le mariage religieux ; mais ils s'en approchent beaucoup. Le mariage civil est même établi, dans un certain cas, par la seconde loi du 25 mai 1868 sur le mariage. L'article 2 de cette loi est ainsi conçu : « Lorsqu'un des pasteurs chargés, aux termes du Code civil général, de la publication des bans de mariage, refuse de s'en charger, ou lorsqu'un des pasteurs chargés de recevoir la déclaration solennelle du consentement et devant lequel les fiancés se sont présentés dans ce but, refuse d'accepter la déclaration solennelle du consentement au mariage pour une cause d'empêchement qui n'est pas reconnue par une loi de l'État, il est loisible aux fiancés de réclamer la publication de leurs bans par l'autorité civile et de faire devant celle-ci la déclaration de leur volonté commune de s'unir. » Ce texte de loi est la pierre d'attente du mariage civil en Autriche. Le parti se disant libéral a déjà demandé l'organisation du mariage civil tel qu'il existe en France, probablement en vertu du principe de liberté de conscience proclamé en 1868. Le gouvernement autrichien ne s'est pas montré favorable à ce projet de loi et il a mille fois raison.

§ V. — *Le mariage en Espagne.*

L'Espagne, la catholique Espagne, entre, elle aussi, dans la voie qui entraîne la plupart des nations de l'Europe à la sécularisation du mariage.

En 1870, l'Espagne était en république et cette république agonisante était à la recherche d'un roi. La France et les Bonaparte le savent bien. Les républicains espagnols, en attendant un Hohenzollern, voulurent faire quelque chose et quelque chose de républicain. Par une loi du 10 juin 1870, ils établirent le mariage civil et abrogèrent la *cedule real* du

12 juillet 1564, par laquelle Philippe II avait adopté les décrets du concile de Trente comme lois de l'Espagne. Cette loi a été empruntée à la législation italienne. En Espagne, comme en Italie, le mariage est civil et religieux ; les parties ont le choix de commencer par le mariage religieux ou par le mariage civil.

Chose remarquable ! Le mariage civil a eu, en Espagne, le même sort qu'en Italie : le peuple espagnol n'en a pas voulu. On a commencé toujours par le mariage religieux et presque toujours on s'en est tenu là. Les aventuriers politiques qui avaient décrété la loi du mariage civil en Espagne, s'étaient emparés du pouvoir au nom du peuple et en invoquant, comme toujours, la volonté nationale. Mais le peuple leur a donné un éclatant démenti par les résistances qu'il a opposées à leur loi de sectaires. Ces résistances n'ont rien appris à des énergumènes qui avaient agi pour la propagation de leur foi politique ; les peuples modernes sont faits pour subir l'application des dogmes révolutionnaires, au nom de la liberté. Ces répugnances du peuple espagnol pour le mariage civil compromettaient la stabilité des familles : petit détail pour les auteurs de la loi du 10 juin 1870. Le nouveau roi, Alphonse XII, s'est montré plus libéral que les républicains espagnols. Dès le mois de février 1875, il a rendu un décret qui modifie la loi de 1870. Ce décret n'abolit pas le mariage civil ; le mariage religieux étant célébré seul, vaut en même temps comme mariage civil et produit tous les effets civils. Toutefois, les époux qui se sont contentés du mariage canonique, doivent se faire délivrer un certificat par le curé et faire inscrire leur mariage sur les registres de l'état civil, dans les huit jours de la célébration ; faute de ce faire, dans ledit délai, ils sont passibles d'une amende qui va en s'augmentant par chaque jour de retard, sans pouvoir, toutefois, dépasser 400 pecetas. Le défaut d'inscription du mariage religieux sur les registres de l'état civil ne l'empêche pas d'ailleurs d'être valable.

Le mariage a donc maintenant, en Espagne, le caractère large et franchement libéral qu'il a en Angleterre.

§ VI. — *Le mariage en Russie.*

Le mariage civil, tel que nous l'entendons et qu'il existe en France, n'a pas lieu en Russie. Dans l'empire des czars, le mariage est un acte religieux, célébré par le ministre du culte. On ne peut pas appeler *civil,* le mariage des dissidents, c'est-à-dire des personnes qui n'appartiennent pas à l'Église russe. Ces mariages sont célébrés en la forme religieuse; leurs effets et quelques-unes de leurs conditions sont déterminées par le Code civil qui, en langue russe, s'appelle *Svod.* Pour bien comprendre les dispositions du Code civil russe au sujet du mariage, il faut connaître le régime auquel sont soumises, en Russie, les différentes religions.

L'Église orthodoxe russe a son origine dans le schisme d'Orient, au quatorzième siècle; elle est une véritable religion nationale, placée sous la protection spéciale du czar; c'est la religion officielle, la religion de l'État, spécialement favorisée et entourée de priviléges : son organisation est synodiale. A côté de l'Église orthodoxe, les autres cultes tolérés ont une situation légale; mais le gouvernement russe ne connaît, ne garantit et ne subventionne un culte qu'autant qu'il se plie au régime autocratique et à la forme synodiale. A cette condition, le gouvernement reconnaît toutes les religions, parce que leur soumission au régime autocratique et synodial permet à l'empereur de s'immiscer dans leur administration. Ces exigences sont très-nuisibles à l'Église catholique, en Russie; car, relevant de Rome, elle ne peut, sans devenir schismatique, être placée sous la suzeraineté du czar. Aussi Rome et la Russie n'ont pas pu s'entendre jusqu'ici et l'Église catholique se trouve, en Russie, sans concordat.

On compte, en Russie, environ quinze millions de dissidents; et ici nous appelons *dissidents* tous ceux qui n'appartiennent pas à l'Église orthodoxe russe. Ce sont des protes-

tants à l'Ouest, des catholiques dans la Fin-
lande et la Baltique, des catholiques et des
israélites en Pologne, des mahométans et
même des païens à l'Est.

Le mariage des orthodoxes est célébré par
le pope, prêtre de la religion orthodoxe; les
demandes en nullité de mariage ou en divorce
sont jugées par des tribunaux ecclésiastiques.
Le mariage des dissidents est célébré suivant
les rites de leur religion, à la condition toutefois que les époux se soumettront aux dispositions du *Svod*. Ce sont les tribunaux civils
qui jugent les questions auxquelles ces mariages peuvent donner lieu. De plus, en cas de
mariage entre un orthodoxe et une personne
appartenant à une autre confession chrétienne,
celle-ci doit s'obliger par écrit : 1° à ne pas
insulter son conjoint à raison de son ortho-
doxie; 2° à ne jamais essayer de le décider
à changer de religion; 3° à faire baptiser et
élever les enfants de ce mariage dans la religion orthodoxe.

Le 19 août 1874, l'empereur de Russie a
sanctionné un réglement qui autorise les
dissidents de l'Église grecque (*Rascolniks*) à
faire enregistrer civilement les unions qu'ils
contractent. Cette réforme paraît avoir été
inspirée par le principe de la liberté de conscience.

§ VII.

Le mariage en Prusse et en Allemagne.

La Prusse va vite, en fait de législation sur
le mariage. Nous avons rapporté un discours
prononcé par M. de Bismark devant la Chambre prussienne, le 15 novembre 1849 ; on a
vu avec quel acerbe dédain le député prussien
parlait du mariage civil auquel il reprochait
notamment d'être d'origine française.

Il en a été en Prusse comme dans les autres
États de l'Europe ; les registres de l'état civil
ont été tenus et les mariages célébrés par les
ministres des différents cultes reconnus par
l'État. C'est cette législation que M. de Bismark défendait si énergiquement en 1849.

Mais une loi du 9 février 1875 est venue renverser cet état de choses et imposer le mariage
civil à la Prusse et aux autres États de l'empire allemand. Cette loi est calquée sur notre
législation française ; elle confie la tenue des
registres des mariages, naissances et décès à
des officiers de l'état civil. Le mariage est
sécularisé et doit avoir lieu devant l'officier
de l'état civil. L'article 67 de la nouvelle loi,
s'inspirant des articles 199 et 200 de notre
Code pénal, défend à tout prêtre, à tout ministre du culte, de procéder à la célébration du

mariage religieux sans avoir exigé la preuve de la célébration préalable du mariage civil, et, en cas de contravention, il punit le ministre du culte d'une amende qui peut s'élever jusqu'à 300 marcs ou d'un emprisonnement de 3 mois au plus. Cette loi a été proposée et soutenue par ce même M. de Bismark qui, en 1849, lançait ses anathèmes au mariage civil et en signalait les graves inconvénients. Est-ce à dire qu'en 1849 M. de Bismark se trompait? Non; les arguments qu'il invoquait ne dépendent ni des temps, ni des lieux : ils sont puisés dans la nature même des choses. M. de Bismark est devenu chancelier du roi de Prusse et directeur de la politique prussienne. La Prusse, doublée de l'Allemagne par l'ineptie de la politique française, a vaincu la France en 1870, et sous prétexte de se défendre, elle a inauguré un système agressif, conquérant et dominateur qui condamne la France à la République forcée, afin de la maintenir dans l'abaissement et l'impuissance. De plus, la Prusse, affolée de l'orgueil de ses victoires, égarée par le protestantisme dégénéré en philosophie, se croit appelée à régénérer le monde et à le dominer. Pour en venir là, il lui faut abattre le christianisme et surtout l'Église catholique et le catholicisme qui a la prétention d'avoir régénéré le monde et de vouloir le gouverner par ses dogmes. En Allemagne, l'esprit de libre examen, la philo-

sophie d'Hégel et les écrits de Strauss ont
tant battu en brèche le christianisme qu'on
n'y croit plus ; on considère que la religion
chrétienne, protestante ou catholique, a fait
son temps et qu'elle n'est plus en rapport
avec les besoins intellectuels et moraux du
monde moderne. On s'efforce donc de la supprimer, surtout le catholicisme.

Ces doctrines nouvelles, professées dans
les chaires des universités, ont été bien vite
propagées par les brochures et les livres.
Tout récemment, un professeur allemand,
M. de Hartmann, s'est efforcé d'établir que
ce qui reste du christianisme, depuis les derniers travaux de la critique et de la philosophie, ne constitue plus une religion capable
d'inspirer les âmes et d'échauffer les cœurs :
une religion nouvelle est nécessaire ; c'est à la
science et à la philosophie allemandes qu'il
appartient de la préparer. En attendant que l'Allemagne en travail accouche de cette religion
nouvelle, M. de Hartmann demande l'extermination des doctrines chrétiennes et surtout
de l'Église catholique : « Nous estimons, dit-il,
» que les principes fondamentaux du christia-
» nisme et ceux de la science moderne, sont
» dans un irréconciliable conflit et que ce
» conflit doit incessamment finir, soit par une
» réaction triomphante du christianisme, soit
» par une victoire complète remportée à son
» tour par la science moderne non chrétienne

» sur le christianisme (1). Ou bien toute liberté
» publique succombera sous le violent assaut
» de l'ultramontanisme, ou bien le christia-
» nisme, sinon de nom, du moins de fait,
» sera anéanti... Depuis que la Prusse a fondé
» l'empire allemand, depuis qu'elle a reconnu
» que sa grande tâche historique consistait a
» reprendre la lutte séculaire contre Rome,
» nous possédons un point ferme, capable de
» devenir le centre de cristallisation pour
» tous les efforts de la civilisation moderne
» qui combat pour son existence menacée par
» le christianisme... C'est le dernier et déses-
» péré combat de l'idée chrétienne avant
» qu'elle se retire définitivement de la tri-
» bune de l'histoire (2). »

Quelle sera cette religion nouvelle ? se
demande M. de Hartmann, et il répond :
« Dans l'état actuel de la science, le plus vrai-
» semblable est que la religion de l'avenir,
» si l'on considère une telle religion comme

(1) Mgr Dupanloup, évêque d'Orléans et sénateur,
a dit dans le discours qu'il a prononcé au Sénat, le
18 juillet 1876, pour combattre la loi Waddington :
« M. Challemel-Lacour a repris hier la thèse banale
» de l'antagonisme entre le progrès moderne et la foi
» chrétienne Eh quoi! messieurs, est-ce qu'il peut y
» avoir incompatibilité entre le progrès moderne et
» l'Évangile qui a civilisé le monde et la France? »

(2) *Die Selbzersetzung der Christenthums und die
Religion der Zukunft*, p. 31.

» possible, doit être un panthéisme ou mieux
» un monisme panthéiste, à l'exclusion de
» tout élément polythéiste, ou encore un
» monothéisme immanent, impersonnel, dont
» la divinité a le monde en tant qu'apparition
» objective, non pas en dehors, mais au
» dedans de soi. C'est ce que ne donnent ni le
» christianisme positif avec son polythéisme
» trinitaire, ni le protestantisme libéral avec
» son théisme abstrait et personnel. Au point
» de vue de l'histoire religieuse, le but que
» nous nous proposons ne peut-être atteint
» que par la synthèse du développement reli-
» gieux hindou et juif-chrétien en une création
» qui réunisse les avantages de ces deux
» directions de l'esprit humain, tout en com-
» blant leurs lacunes, et par là devenir capa-
» ble de les remplacer toutes deux et de deve-
» nir une religion universelle. Un pareil
» panmonothéisme se rapprocherait plus que
» tout autre système de ce que le peuple
» cherche dans la religion sous le nom de
» vérité. »

Ces audacieuses doctrines ont fait des progrès en Prusse et en Allemagne; elles sont
partagées par un certain nombre de personnes
influentes. C'est à ces mêmes doctrines qu'est
due la loi du 9 février 1875 sur le mariage
civil. Cette loi, sortie des universités allemandes, a pour but de frapper le christianisme et surtout l'Église catholique et le

catholicisme. C'est M. de Hartmann qui l'a dit : la Prusse, depuis qu'elle a fondé l'empire allemand, a reconnu que sa grande tâche historique consistait à reprendre la lutte séculaire contre Rome; il réclame l'extermination de l'Église catholique. M. de Bismark avait devancé ces recommandations par les persécutions qu'il a dirigées contre le clergé allemand. La loi du mariage civil allemand n'est que la continuation de cette persécution; c'est un coup porté à l'Église romaine et au catholicisme pour leur extermination.

Qu'on nous permette ici une réflexion qui se présente naturellement à notre esprit. Nous avons affirmé qu'en France, la loi du mariage civil avait été inspirée par les mêmes idées de haine et le même esprit d'hostilité contre l'Église et le clergé; nous avons invoqué à l'appui les paroles de Napoléon captif à Sainte-Hélène. Ce qui prouve jusqu'à l'évidence l'exactitude de notre affirmation, c'est que M. de Bismark et le Gouvernement prussien, quand ils ont voulu frapper un grand coup contre l'Église et le catholicisme, ont emprunté à la législation française l'arme du mariage civil. Le terrible chancelier prussien et son Gouvernement ont vu plus clair dans notre Code civil que nos jurisconsultes français. Ceux-ci, en effet, loin de signaler le caractère éminemment anti-catholique du mariage civil français, s'efforcent de l'expliquer par d'autres

motifs et même d'en faire ressortir les prétendus avantages. C'est ainsi qu'on instruit
les générations actuelles.

Au surplus, ni le mariage civil français, ni
le mariage civil allemand n'ont produit les
effets que leurs auteurs en attendaient.
L'Église catholique n'est point abattue en
France, malgré les efforts législatifs que l'on
fait pour emmener sa chute. Quand à l'Allemagne, le catholicisme y conserve toute sa
vitalité; les persécutions lui donnent même de
nouvelles forces; bien plus, la loi sur le
mariage civil s'est retournée contre ceux qui
l'ont votée, et, sans nuire au catholicisme, elle
a porté de rudes coups à la religion protestante. Les catholiques allemands sont restés
inébranlables dans leur foi; la lutte engagée
par le Gouvernement prussien contre l'Église
catholique a donné une nouvelle énergie à leurs
croyances. Les résistances qu'a éprouvées le
projet de loi sur les actes de l'état civil et le
mariage civil lui sont venues des catholiques
et surtout de la Bavière catholique. A la séance
du 12 janvier 1875, un député bavarois,
M. Jorg, combattit ce projet de loi dans un
éloquent discours. « Ce n'est pas sans raison,
» disait-il, qu'on a affirmé que le projet actuel
» devrait s'appeler projet relatif à l'introduc-
» tion du mariage civil obligatoire en Bavière.
» Cette question a déjà été agitée au sein du
» parlement bavarois, et la majorité libérale

» de cette Chambre a repoussé le mariage
» civil comme ne répondant pas aux nécessités
» du temps présent. On a reconnu que cette
» innovation n'était compatible ni avec le
» tempérament ni avec les sentiments religieux
» de la nation bavaroise. A quel titre peut-on
» donc aujourd'hui imposer à la nation bava-
» roise un régime que sa conscience repousse?
» Nous demandons que l'on renonce à mettre
» sous le joug un parti considérable, que dis-je,
» la nation bavaroise tout entière. Le projet
» en discussion ne blesse pas seulement le
» sentiment religieux des catholiques bava-
» rois; il blesse aussi la conscience des pro-
» testants. Une telle entreprise ne peut-être
» tentée que par les partisans d'un régime
» autoritaire et despotique, mais elle est
» incompatible avec les principes du droit et
» de la liberté. Désespérant d'obtenir en cette
» matière l'adhésion de la nation bavaroise,
» on s'est adressé à l'empire. Mais on ne sau-
» rait oublier que le droit matrimonial est un
» des droits réservés de la Bavière et que
» rien ne pourra être fait sans l'assenti-
» ment du parlement bavarois. » Le gouvernement prussien l'a cependant oublié et s'est
dispensé de consulter le parlement bavarois.

Bien entendu, nos révolutionnaires, aussi
despotiques, aussi autoritaires et aussi enne-
mis du catholicisme que les Prussiens, ont
applaudi à la loi du 9 février 1875, qui im-

pose le mariage civil à l'Allemagne, eux qui déjà s'efforçaient, en 1849, de l'introduire en Prusse ; leur patriotisme n'a pas de meilleur ami que M. de Bismark, le grand ennemi de la France. Ils accusent les catholiques français d'être ultramontains ; ils sont, eux, des ultrarhénans ; leur Rome est à Berlin.

Le protestantisme est abandonné par ceux qui vivent sous l'influence des doctrines philosophiques et de la science des universités allemandes, comme par ceux qui font profession d'irréligion, parce qu'ils trouvent fort commode de se placer au-dessus des lois morales. Les consistoires protestants se plaignent amèrement de cet état de choses ; ils regrettent surtout la loi qui a enlevé, aux pasteurs protestants, comme aux ministres catholiques, les actes de l'état civil et la célébration des mariages. Toutes ces innovations leur paraissent pleines de périls et leurs craintes sont justifiées par les statistiques suivantes qu'ils ont eux-mêmes fournies : à Berlin, le nombre des baptêmes a diminué de plus de moitié ; il n'y a que 45 baptêmes pour 100 naissances ; à Potsdam, 28 pour 100 ; à Francfort-sur-l'Oder, 10 pour 100. A Berlin, les pasteurs sont appelés aux enterrements 1 fois sur 100 décès ; à Potsdam, 12 fois sur 100 ; à Francfort-sur-l'Oder, 14 fois sur 100. Quant aux mariages, la statistique est moins affligeante, à cause de l'influence directe des

femmes : ainsi, à Potsdam, le mariage civil
est suivi de la célébration religieuse dans
79 cas sur 100; à Francfort-sur-l'Oder dans
72 cas sur 100; mais à Berlin, sur 100 mariages, le pasteur n'est appelé que 19 fois à
bénir l'union conjugale. La Prusse, par son
protestantisme d'abord, et ensuite par sa
philosophie universitaire, en est venue à
n'avoir pas de religion et à n'être pas même
païenne.

Il est vrai que les hommes d'État prussiens
et les savants de Berlin sont à la recherche
d'une religion nouvelle, ce qui veut dire que
la philosophie allemande a la prétention de
s'élever à la hauteur d'une religion. La politique prussienne aura des prêtres casqués
pour la propagation de cette foi philosophique, et, sous prétexte de conquérir des consciences, elle s'efforcera de dominer le monde.

Ce jeu, qu'on croit habile, n'est que dangereux. Un Gouvernement n'entre pas impunément dans les voies révolutionnaires, et déjà
la Prusse recueille les fruits de ses témérités
philosophiques et politiques; c'est de toute
justice. En attendant que les savants univer-
sitaires de Berlin aient enfanté la religion
nouvelle qui couve dans leurs cerveaux, le
peuple se donne celle du socialisme et de
l'*Internationale*. On s'en émeut à Berlin; on
crie au péril social, on invoque la nécessité de
créer un parti conservateur. En février der-

nier, un an après la loi du mariage civil
allemand, les journaux de Berlin, inféodés
pour la plupart à la nouvelle politique de
M. de Bismark, jetaient le cri d'alarme et
demandaient la création d'un parti conservateur : quelques jours après, le comte Eulen-
bourg faisait un rapport sur ce double sujet (1). Il y a, en Prusse comme en France,
des gens qui s'imaginent qu'il peut exister
un parti conservateur dans un pays où l'on a
détruit le christianisme protestant, où l'on
persécute le catholicisme et l'on impose le
mariage civil. Il n'y a de véritables conservateurs qu'avec et par les grandes institutions
sociales qui conservent les gouvernements et
les peuples : vouloir un parti conservateur
avec une politique et des lois révolutionnaires,
c'est vouloir l'effet sans la cause. Le péril
social existe toujours en Prusse ; il s'y ag-
grave même, et le gouvernement prussien
n'est pas sans inquiétude. Nous venons de
lire les lignes suivantes dans le journal *le
Moniteur universel*, du 18 juin 1876 : « Des
» perquisitions ont été faites simultanément,
» samedi dernier, dans toutes les casernes
» de Berlin, dans le but de découvrir des
» brochures et des écrits socialistes. Ces re-
» cherches, n'ont donné, paraît-il, aucun ré-

(1) Voyez l'analyse de ce rapport dans le journal *le
Moniteur universel*, du 17 février 1876.

» sultat ; mais elles n'en sont pas moins un
» indice irrécusable de la gravité des préoc-
» cupations que cause à l'autorité militaire
» prussienne la propagation des doctrines
» démocratico-socialistes dans les rangs de
» l'armée. » Quelques jours après ces perquisitions, la *Gazette de l'Allemagne du Nord*,
journal qui reçoit les inspirations de M. de
Bismark, revenait à la charge et jetait un
nouveau cri d'alarme sur le péril social. Le
gouvernement prussien a entrepris de frapper un grand coup contre Rome et le catholicisme avec des armes révolutionnaires em-
pruntées à la France ; mais il n'a réussi qu'à
frapper le protestantisme et à se blesser lui-
même. Ce résultat n'a rien appris ni rien fait
oublier aux hommes d'État prussiens : la
persécution continue contre le catholicisme.
Le 28 juin dernier (1876), le tribunal des
affaires ecclésiastiques, siégeant à Berlin,
a condamné Mgr Melchers, archevêque de
Cologne, à la destitution, parce que les
juges ont reconnu que la conduite de ce
prélat était incompatible avec l'ordre public. Il n'y a pas de mot plus vague ni plus
indéfini que celui d'*ordre public ;* on lui fait
dire tout ce qu'on veut. Les juges de Berlin
ont bien changé ; ils ont entendu par *ordre
public* la philosophie universitaire que nous
venons d'analyser. L'archevêque de Cologne
était coupable de n'avoir pas apostasié en

adoptant des doctrines négatives qui renferment tout, excepté une religion quelconque.

Tous ces efforts révolutionnaires de la politique prussienne n'ont abouti qu'à frapper le protestantisme, père de la révolution, et à donner de nouvelles forces au catholicisme. La révolution n'a d'autres principes que la haine, les préjugés et les passions ; elle ne peut gouverner les hommes que par la force, en les abrutissant et les trompant ; son dernier mot, c'est l'absence de tout gouvernement et de toute société. Aussi est-elle condamnée à périr. L'Auguste chef de l'Église catholique, Pie IX, le saint et vénérable successeur de Pierre, que les efforts des Napoléon et des Bismark ont été impuissants à renverser, disait tout récemment, à l'occasion du trentième anniversaire de son élévation pontificale : « Tenez pour certain que l'Église triom- » phera ; les pères tueront les fils et les fils » massacreront les pères. Tous, enfants de la » Révolution, ils se dévoreront entre eux. »

Au surplus, les derniers journaux prussiens, c'est-à-dire ceux de la fin de juillet 1876, témoignent que la Prusse commence à comprendre qu'elle joue un jeu dangereux pour elle-même. M. de Bismark a formé son fameux parti conservateur allemand : *der deutschen Konservativen,* et ce parti vient de publier son programme dans la presse. En religion, les conservateurs allemands se proposent de combattre les doctrines athées et libre-penseuses. Ils se disent aussi opposés aux empiétements de l'État sur l'Église qu'aux usurpations de l'Église sur l'État. Ils soutiendront le gouvernement contre les prétentions excessives du Saint-Siége; mais ils déplorent le *Kulturkampt;* ils condamnent les proportions exagérées que les libéraux ont données à cette lutte et ils provoqueront, disent-ils, la révision des lois que la majorité du dernier Reichstag a faites, en apparence contre le cléricalisme, en réalité contre le christianisme, c'est-à-dire contre le protestantisme.

Il sera difficile à la Prusse de réparer le mal qu'elle a fait dans ces dernières années. N'est pas conservateur qui veut : pour l'être il faut avoir des principes; c'est la religion qui les donne. La Prusse a-t-elle une religion ? Le peuple allemand ne sera pas dupe de ce changement de front. Et la philosophie dissolvante de l'Université de Berlin, que va-t-elle devenir ? Va-t-elle faire son *mea culpa*, elle aussi ?

CHAPITRE VII.

LE REMÈDE.

Nous venons de signaler les nombreux inconvénients du mariage civil ou plutôt le mal
qu'il cause aux époux, au clergé, à la famille
et à la société tout entière. Quel est le remède
à ce mal ? C'est la liberté.

Quand on a proclamé le principe de la liberté des cultes, il faut avoir la bonne foi de
l'appliquer sincèrement, au lieu de le confis-
quer par la tyrannie du mariage civil. Que
diraient les libres penseurs, si une loi venait
leur enjoindre de recevoir un prêtre à leur lit
de mort et ordonner qu'ils seraient enterrés
suivant le rit du culte catholique ? Ils jette-
raient les hauts cris et ils auraient raison.
Mais quand on veut la liberté pour soi, la justice et l'égalité exigent qu'on la veuille aussi
pour autrui.

En fait de liberté, l'Angleterre s'y entend
un peu plus que nos soi-disant libéraux. La
législation anglaise applique sincèrement au

mariage le principe de la liberté des cultes et, par conséquent, celui de la liberté des consciences. Nous venons de voir, en effet, que chez nos voisins d'outre-Manche, les parties ont le choix de se marier soit religieusement devant le prêtre catholique ou le ministre protestant, soit civilement devant un officier public appelé *registrar*. On sait que cet officier public assiste avec deux témoins à la cérémonie du mariage religieux et qu'il en dresse procès-verbal; il fait aussi les publications des mariages, soit civils, soit religieux.

Cette législation, digne d'un peuple libre, doit servir de modèle à la nôtre et c'est, à notre avis, dans le sens large et libéral de la loi anglaise que doit être modifiée notre regrettable loi du mariage civil. On pourrait décider que, chez nous, l'officier de l'état civil assisterait avec deux témoins à la célébration du mariage religieux et qu'il en dresserait un procès-verbal qui serait un acte de l'état civil. Néanmoins, sur ce point, nous préférerions le dernier état de la législation espagnole. Il y a, en France, beaucoup plus de paroisses que de communes; il y a même quelques chefs-lieux de commune qui ne sont pas chefs-lieux de paroisse et n'ont pas d'église. L'officier de l'état civil et ses témoins seraient donc très-souvent obligés, surtout dans les campagnes, de se déranger et de faire un petit voyage pour assister à la célébration du mariage religieux.

On éviterait ce dérangement en ordonnant que les curés ou les autres ministres du culte dresseraient en double l'acte de célébration du mariage et que, dans la huitaine ou tout autre délai, les parties seraient tenues, sous peine d'amende, de remettre un des doubles à l'officier de l'état civil, qui l'annexerait à ses minutes des actes de l'état civil. On reviendrait ainsi, sur ce point, à notre ancienne législation, et la réforme que nous proposons n'en vaut pas moins pour cela.

En modifiant ainsi notre loi du mariage civil, on donnerait une légitime satisfaction au principe de la liberté des consciences. Il semble donc que tout le monde devrait applaudir à une loi qui modifierait les articles 74, 75 et 165 du Code civil dans le sens libéral et équitable que nous venons d'indiquer. Et cependant cette réforme, si elle était proposée, rencontrerait une opposition considérable. Écoutons M. Glasson, un jeune et savant professeur de la faculté de droit de Paris ; il a écrit tout récemment :

« On a proposé, chez nous, l'établissement de ce système (du mariage anglais) qui a paru préférable à celui du mariage civil obligatoire et précédant nécessairement l'union religieuse. Il est certain qu'avec ce système il n'y aurait pas lieu de craindre qu'une femme mariée civilement se voie refuser la bénédiction nuptiale par son mari. Mais, il faut le reconnaître, ce système anglais offrirait chez nous des inconvénients bien autrement sérieux : l'existence du mariage civil serait compromise. On serait obligé d'appliquer aux mariages, tantôt les dispositions du droit civil, tantôt celles du droit canonique, suivant que le mariage aurait été célébré à la mairie ou par l'Église; et comme celle-ci ne reconnaîtrait pas les décisions des tribunaux civils, il faudrait rétablir les juridictions ecclésiastiques. Le principe de la sécularisation du droit serait détruit (1). »

Ainsi, la réforme que nous proposons, et que d'autres ont proposée avant nous, ne peut pas être admise pour diverses raisons qui n'en font qu'une et reviennent à celle-ci :

Le système libéral de l'Angleterre, en fait de mariage, ne peut pas être importé dans notre législation, parcequ'il détruirait l'échafaudage de nos lois révolutionnaires et athées sur le mariage.

Commençons par où M. Glasson a fini.

Qu'est-ce que le principe de la sécularisation du droit ? Nous ne savons que trop, d'où il vient, ce qu'il est et ce qu'il vaut. C'est la main mise de l'État sur tout le droit, même sur cette partie du droit qui, comme le ma-

----

(1) *Revue de législation française et étrangère,* année 1875, p. 421.

riage, touche, de la manière la plus intime, à la foi religieuse et à la conscience de l'homme. Il faut que ce principe, d'origine protestante, gallicane, philosophique et révolutionnaire, soit bien grand, bien important, puisqu'on lui donne plus de valeur qu'à la conscience de trente-cinq millions de Français ! Eh bien ! ce principe est dominé par un autre qui lui est bien supérieur ; c'est le grand principe de la liberté des cultes proclamé par la Constitution du 3 septembre 1791 et reproduit par la Charte de 1814. Il est vrai que cette même Constitution de 1791 déclarait que la loi ne considérait le mariage que comme un contrat civil (titre II, article 7) ; ensuite la loi du 20 septembre 1792 attribua aux officiers de l'état civil la rédaction et la tenue des actes de naissances, mariages et décès, c'est-à-dire des actes de l'état civil. C'est de ces deux dernières dispositions législatives que l'on fait résulter le principe de la sécularisation du droit. On remarquera que cette sécularisation porte principalement sur le mariage ; on peut affirmer que la sécularisation du droit, c'est le mariage civil : les deux choses n'en font qu'une. Donc, refuser la réforme de la loi du mariage civil dans le sens libéral de la législation anglaise, parce que cette réforme détruirait le principe de la sécularisation du droit, c'est faire une pétition de principe et résoudre la question par la question. Le législateur anglais ne s'est pas arrêté à ces minuties de raisonnement : il a compris que la sécularisation absolue du droit et le mariage civil obligatoire sont la confiscation du grand principe de la liberté des cultes et un attentat à la liberté des consciences. Il est honteux qu'en France, dans un pays où l'on parle tant de liberté, nous ayions, en plein dix-neuvième siècle, la servitude du mariage civil par les lois révolutionnaires, et la servitude la plus atroce, celle qui s'attaque à la foi religieuse, et à la conscience de l'homme. Nous n'exagérons rien. Nous avons déjà dit que le mariage civil impose un acte d'abjuration et d'apostasie aux Français et surtout aux catholiques. Écoutez ce que disait notre très-Saint-Père le Pape, Pie IX, le 3 octobre 1875, dans son allocution aux pèlerins belges : « Et, entre les nombreuses choses qu'il faut réclamer des gouvernements, demandez que le sacrement de mariage précède le contrat civil. » On le voit, le mariage civil blesse spécialement les consciences catholiques. Voilà pourquoi nous demandons que la loi qui l'impose soit modifiée d'une manière conforme au principe de la liberté des cultes.

Nous sommes étonné de l'objection de M. Glasson : « L'existence du mariage civil serait compromise. » Et pourquoi serait-elle compromise ? Parce que les mariages ne seraient plus célébrés qu'en la forme religieuse. Ce qui le prouve, c'est que, jusqu'ici, sauf de très-rares exceptions, le mariage civil, en France, a toujours été suivi du mariage religieux. C'est bien là ce qui fait dire à M. Glasson que l'existence du mariage civil serait compromise. Mais comment le jeune professeur n'a-t-il pas compris que c'est là aussi ce qui condamne sa thèse? En effet, ce résultat prouve que le mariage civil est antipathique à la France et que, d'après nos mœurs nationales, conformes à celles de tout le genre humain, il n'y a de véritable mariage que le mariage religieux. A quoi bon, dès lors, l'inutilité et la superfétation du mariage civil, si ce n'est pour imposer un acte d'athéisme aux Français qui ont encore de la religion ?

Voilà pourquoi nous voulons la réforme de notre loi du mariage civil conformément à la législation anglaise et au principe de la liberté des cultes; et nous la voulons, cette réforme, par les raisons que M. Glasson invoque pour la repousser, c'est-à-dire parce qu'elle doit compromettre l'existence du mariage civil et détruire le principe révolutionnaire de la sécularisation du droit. Nous demandons pour tous les Français la liberté du choix entre le mariage civil et le mariage religieux. L'exercice de cette liberté sera le grand juge de la loi du mariage civil et fera une prompte justice de sa tyrannie. Une loi qui opprime les consciences, et dont les mœurs nationales ne

veulent pas, ne devrait pas trouver des défenseurs. Nous voilà encore ramené par la force
des choses à l'argument qui est la base de notre
travail : les lois sont faites pour les hommes
et non les hommes pour les lois. C'est Montesquieu qui a dit cela ; il n'est pas suspect ;
ce n'était pas un clérical. Nous avons para-
phrasé cette maxime en disant : Les gouvernements sont faits pour les peuples et non les
peuples pour les gouvernements. Ce n'est pas
de nos jours que l'on peut contester cette dernière proposition ; car nos gouvernements
modernes se sont toujours emparés de la
France en invoquant les droits du peuple et la
volonté nationale.

Reste l'argument qui consiste à dire que
« ce système anglais offrirait chez nous des
inconvénients autrement sérieux. »

Nous déclarons ne pas comprendre que ce
qui n'offre aucun inconvénient dans la législation anglaise puisse en offrir de sérieux
dans la nôtre. Pourquoi la France ne ferait-
elle pas comme l'Angleterre ? Pourquoi ne
mettrait-elle pas du bon sens et de la justice
dans la loi du mariage, au lieu de n'y mettre
que de l'esprit de secte et de la passion révolutionnaire ? En France, l'Église est-elle donc
française ? Est-elle placée sous l'autocratie de
l'État, comme l'Église russe est placée sous
l'autocratie de l'empereur ?

Enfin l'inconvénient sérieux qui arrête

M. Glasson, c'est qu'il faudrait appliquer aux mariages, tantôt les dispositions du mariage civil, tantôt celle du droit canonique, suivant que le mariage aurait été célébré à la mairie ou par l'Église.

Nous ne voyons pas cet inconvénient. Bien loin de là, il nous semble rationnel et juste que celui qui s'est conformé à sa religion pour la célébration de son mariage, s'y conforme aussi quand il s'agit de savoir si ce mariage est valable ou nul. Une telle question est du domaine de la religion et non des tribunaux civils. Nous ne voyons pas le moindre inconvénient à ce que les questions de nullité des mariages célébrés par l'Église soient jugées par des tribunaux ecclésiastiques, et les questions de nullité des mariages civils par les tribunaux civils. Nous allons bien plus loin : nous admettons que les causes de nullité des mariages puissent ne pas être les mêmes suivant que ces mariages auront été célébrés religieusement ou civilement. Ainsi, le mariage catholique ne serait nul ou annulable que selon le droit canonique, tandisque le mariage civil pourrait être annulé selon les dispositions du droit civil.

On nous dira : que faites-vous donc de l'unité de législation? Nous répondons que nous lui préférons la liberté de conscience. L'unité de législation, pas plus que la sécularisation du droit, n'a rien à faire dans les matières

qui touchent à la foi religieuse ; c'est la négation de la liberté des cultes et de la tolérance
religieuse. La loi civile est-elle donc un lit de
Procuste sur lequel il faille étendre les consciences pour leur faire prendre les proportions
de l'athéisme révolutionnaire ? D'ailleurs l'u-
nité n'est pas incompatible avec la variété.
Ecoutons Montesquieu : « L'union, dans un
» corps politique, réside dans cette harmonie
» qui fait que toutes les parties, quelque op-
» posées qu'elles paraissent, concourent au
» bien général comme les dissonnances dans
» la musique, concourent à l'accord général. »

Malgré la force des raisons que nous venons
d'invoquer contre la loi du mariage civil, nous
ne nous faisons aucune illusion sur la réforme
que nous demandons ; nous savons qu'il n'y
a pas de gens plus difficiles à convaincre que
ceux qui ne veulent pas être convaincus. Sup-
posez que notre Chambre des députés soit
saisie d'une proposition ayant pour objet la
réforme de la loi du mariage civil dans le sens
libéral que nous venons d'indiquer (1). Quels
cris de fureur ne pousseraient pas les gauches
contre le cléricalisme osant parler de liberté
et voulant détruire deux des grandes conquêtes

(1) Nous avons lu dans les journaux que la ville de
Lille a présenté à l'Assemblée nationale, en novembre
ou décembre 1875, une pétition demandant la réforme
de la loi du mariage civil. Nous ne savons quel a été le
sort de cette pétition.

de la Révolution, le mariage civil et la sécularisation du droit. La passion prendrait la place du raisonnement et la cause de la liberté succomberait par les votes de ces députés qui sont libéraux dans leurs professions de foi politique, à la veille des élections. Nous savons trop bien que les députés des gauches n'ont d'autre politique que la haine et la persécution du catholicisme par les lois (1). Il ne faut donc rien attendre de ce côté, tant que durera la législature actuelle.

(1) Ils viennent de supprimer les traitements des aumôniers dans les régiments. Désormais nos soldats devront affronter la mort sur les champs de bataille sans les secours de la religion. Quelle manière intelligente de leur donner du courage! — Quelques-uns de nos députés viennent de décider dans une de leurs réunions qu'à la rentrée des Chambres ils interpelleraient le Gouvernement sur *les envahissements du cléricalisme*. Nous demandons qu'ils s'occupent aussi de faire cesser *les envahissements du révolutionarisme*, et notamment l'envahissement des consciences par la loi du mariage civil. — Enfin, un parisien qui veut devenir un homme politique, chose si facile aujourd'hui, vient de prononcer un discours dans lequel il demande la suppression du budget des cultes. Cette demande est incomplète : logiquement elle doit comprendre la suppression du traitement des instituteurs primaires. Si, en effet, les personnes qui pratiquent la religion doivent seules en payer les ministres, celles qui font instruire leurs enfants doivent seules payer l'instituteur. — Les révolutionnaires feraient bien de réfléchir qu'il n'y a pas deux logiques, et qu'on ne doit pas avoir deux poids et deux mesures.

7

Et pourtant nous venons de porter au mariage civil des coups dont il ne se relèvera pas. Il est temps que cette honteuse servitude des consciences disparaisse de notre législation. Elle disparaîtra, non point par nos législateurs, mais par les femmes qui, nous l'espérons, seront les hommes en cette matière. Si elles suivent le conseil que nous allons leur donner, nous leur promettons qu'elles porteront un coup mortel au mariage civil. Le mariage civil est plus funeste à la femme qu'à l'homme; il en fait moins une épouse qu'une concubine et l'expose à se voir refuser le mariage religieux par un mari libre penseur. Les femmes sont donc plus intéressées que les hommes à la réforme libérale et équitable que nous proposons. Pour l'obtenir, il faut traiter le mariage civil tel qu'il est, tel qu'on l'a fait, et le frapper par lui-même. Il est un contrat civil, un contrat purement civil, disait Napoléon sur son rocher de Sainte-Hélène. Or, les contrats civils, les contrats ordinaires, comportent notamment la condition suspensive; en d'autres termes, il est libre aux parties contractantes ou à l'une d'elles de ne pas s'obliger purement et simplement, mais seulement à la condition que tel événement arrivera, c'est-à-dire que tel fait aura lieu.

En conséquence, les femmes, au lieu de répondre simplement *oui* à l'officier de l'état civil, devront répondre *oui, mais à la condi-*

tion que notre mariage sera célébré suivant les formalités du culte catholique, ou celles du culte protestant, ou bien encore celles du culte israélite. Si le futur époux n'accepte pas cette condition, il n'y a rien de fait, les parties n'étant pas d'accord. Mais s'il accepte, l'officier de l'état civil est placé dans l'alternative de déclarer les époux unis, mais à la condition que leur union sera célébrée suivant les rites du culte qu'ils ont indiqué, ou bien de refuser de passer outre à la célébration d'un mariage auquel les futurs époux ne consentent que sous une condition suspensive.

Dans le premier cas, le mariage n'existera que par l'accomplissement de la condition qui en suspendait tous les effets, c'est-à-dire par la célébration religieuse. Les époux seront placés dans une situation analogue à celle que leur fait la législation italienne. Le mariage religieux sera le complément nécessaire du mariage civil. Et de là deux conséquences bien importantes :

1° Le principe révolutionnaire et athée de la sécularisation du droit sera détruit. Le mariage civil ne sera plus qu'un vain préliminaire du mariage religieux ; son existence sera compromise et il est à désirer qu'elle le soit. Ce sera un acheminement vers la réforme que nous demandons.

2° La religion reprendra, en fait de mariage, la juste suprématie qui lui a toujours appartenu. La dignité du prêtre et celle des époux ne sera plus sacrifiée au but que nous avons déjà signalé ; c'est de faire prédominer les municipalités et de les mettre au service des gouvernements révolutionnaires que Paris expédie à la province.

Dans le second cas, lorsque l'officier de l'état civil refuse de passer outre, les futurs époux feront bien de le requérir de leur en donner acte par écrit et ensuite de le faire assigner devant le tribunal civil pour voir dire et ordonner qu'il sera tenu de procéder à leur mariage conditionnel, etc... Nos tribunaux auront ainsi à décider une question neuve, celle de savoir si le mariage civil est un de ces actes solennels qui ne comportent pas de condition ? Le sacrement de mariage est certainement un de ces actes : on ne comprend pas qu'il puisse être administré sous condition. La bénédiction nuptiale donnée par le prêtre est un fait auquel est attaché l'effet immédiat d'unir les époux ; son efficacité ne peut pas être subordonnée à un autre fait qui arrivera ou n'arrivera pas. Mais le mariage civil ne consiste pas dans un fait pareil à celui de la bénédiction nuptiale ; c'est un contrat purement civil que nos lois modernes réduisent aux proportions d'un contrat ordinaire. N'oublions pas que M. Eugène Asse a écrit, pour la défense du mariage civil, que le législateur avait le droit d'en déterminer les formalités,

comme celles de la donation ou de l'hypothèque : et, d'autre part, nos législateurs nous
ont dit et redit dans leurs exposés des motifs
que le mariage civil est fondé sur le consentement des époux. Or, ce consentement, qui
est aussi le fondement des autres contrats
civils, n'est pas toujours pur et simple ; il est
subordonné à la condition que tel évènement
arrivera ou n'arrivera pas. Le mariage civil,
contrat ordinaire, est donc susceptible de la
condition suspensive qu'il sera suivi de la
célébration religieuse. Les tribunaux ne pourraient pas décider le contraire, sans dénaturer
le mariage civil ; ils seraient obligés d'aller
jusqu'à décider que l'officier de l'état civil est
un grand prêtre ayant reçu de l'État le pouvoir de bénir et de sanctifier.

Au nom de la liberté des consciences, au
nom de la dignité humaine, au nom de l'intérêt social, nous demandons que la loi du mariage civil soit modifiée dans le sens large que
nous venons d'indiquer.

TABLE DES MATIÈRES

Poitiers, impr. générale de l'Ouest : J. RESSAYRE.

www.ingramcontent.com/pod-product-compliance
Lightning Source LLC
Chambersburg PA
CBHW070507200326
41519CB00013B/2743